イノベーションによる地域活性化

高崎経済大学
地域政策研究センター【編】

日本経済評論社

目 次

序章　イノベーションによる地域活性化の構想 ……………………………佐藤公俊　1

1　はじめに　1
2　現状分析　2
3　イノベーションの視点と構想　3

第1章　地域イノベーションの視点 ……………佐々木 茂　13

1　生産性という考え方　14
2　マーケティングの付加価値の捉え方　15
3　ニュージーランド研究　15
4　リカバリー・マネジメントに見る地域イノベーション：
　　香港のSARS後の取り組み　27
5　おわりに　30

第2章　農業・農村におけるイノベーションの展開と課題
……………………………………………村山元展　33

1　農業・農村におけるイノベーション　34
2　農業・農村におけるイノベーションの事例　41
3　農業・農村のイノベーションの特質と展望　47

第3章 地域づくり活動を通した地域金融機関における
　　　　イノベーション──信用金庫におけるイノベーション事例──
　　　　………………………………………………阿部圭司　51

　1　はじめに　51
　2　事例──米子信用金庫における取組み──　52
　3　おわりに──事例からの示唆──　59

第4章 高崎食品リサイクルループ事業の展開と可能性
　　　　………………………………………………大宮　登　63

　1　はじめに　63
　2　高崎食品リサイクルループ事業の背景と目的　65
　3　高崎食品リサイクルループ事業の活動実態　68
　4　ホスピタリティの視点からの考察　74
　5　おわりに──考察・今後の展開──　76

第5章 産学協働による地産地消の推進と地域活性化の試み
　　　　──「たかさき昼市」を例にして──…………久宗周二　79

　1　はじめに　79
　2　中心商店街農業の問題点　80
　3　街中産直市「たかさき昼市」の試み　83
　4　出店者から見た、たかさき昼市　88
　5　来場者から見た、たかさい昼市　92
　6　現在のたかさき昼市　99

第6章　地方議会のイノベーション
　　　　——改革の実践と刷新の論理——……………増田　正　101

1　はじめに　101
2　地方議会のイノベーション　104
3　議会改革におけるイノベーションの発想　114
4　おわりに——議会改革におけるイノベーションの鍵——　117

第7章　地方自治体における地域政策研究の内部化と地域活性化——東京都町田市を事例として——　中村匡克　123

1　地域活性化に不可欠な地方自治体におけるイノベーション　123
2　地域政策研究への取組みにみる地方自治体におけるイノベーション　126
3　地方自治体におけるイノベーションに対する評価　132
4　今後の展望と課題　137

第8章　地域産業政策におけるイノベーション
　　　　——大阪府八尾市の取り組み——……………河藤佳彦　141

1　はじめに　141
2　八尾市のものづくりの沿革と特色　144
3　八尾市の産業政策　146
4　産業振興会議　151
5　中小企業サポートセンター　155
6　イノベーションへの評価　161

第9章　環境政策への住民参加を促す新しい
　　　　環境評価手法の導入……………………………飯島明宏　165

　1　はじめに　165
　2　指標の誕生と環境評価の実践　168
　3　住民参加型の環境評価手法の導入による効果　175
　4　おわりに　182

第10章　地域行政によるエコツーリズムの導入と市民との
　　　　協働──埼玉県飯能市を事例として──………片岡美喜　187

　1　はじめに　187
　2　飯能市におけるエコツーリズムの導入経緯と
　　　システムの現状　189
　3　飯能市における取組みの成果と課題　205
　4　おわりに　207

終章　イノベーションによる地域活性化の展望
　　　……………………………飯島明宏・佐々木茂・佐藤公俊　211

　1　はじめに　211
　2　課題の概観　212
　3　展　望　216
　4　おわりに　219

序章　イノベーションによる地域活性化の構想

佐藤　公俊

1　はじめに

イノベーション（Innovation）とは革新である。もう少し詳しく定義するならば「物や力を従来とは異なるかたちで結合する」こと、「経済成果をもたらす新結合」である（一橋大学イノベーション研究センター，2-3）。このことは、イノベーションの主唱者であるシュンペーター以来企業の発展にとって決定的な重要性を持つと考えられてきた[1]。ここでは「経済成果」を民間部門にとどめず政府公共部門にも拡大して考え[2]、こんにちの問題状況を分析した上でイノベーションによる地域活性化研究の構想を提示したい。

ここで対象とするのは地域の民間部門と政府公共部門である。なぜ国全体にまたがる企業や政府ではなく地域を取り上げるのか。多くの場合耳目を集めるようなイノベーションを実現するのは、世界規模の経済活動を行うような大企業であることが多い[3]。イノベーションは後述するように知識やアイディアの創造であったり新たな組み合わせであったりするので、それを実現するために動員可能な資源は規模が大きい組織の方が小さな組織と比較しても多く有している。このことは政府公共部門においてもあてはまるであろう。そのことを理解した上で、ここでは地域を対象として取り上げることについての理由を2つ提示してみたい。

一つは、人間の営みの多くは地域社会で行われているという事実である。分権的な社会が望ましいという見解は、この事実に基づいた「自分たちの身の回

りのことは自分たちで決めるべきである」という政治的テーゼに支えられている。しかしながら大企業が集積する一部の大都市と比較して、少子高齢化の進行の影響を直接受ける地域社会は相対的に停滞が著しい。しかしながら停滞する地域社会を放置して社会全体の発展は見込めないのではないか。したがって地域社会におけるイノベーションを発見し分析することはその意味で価値があることと考える。

　もう一つは、特に政治行政など政府公共部門においては、地域を単位としたイノベーションが多く見られるということである。情報公開、環境などの領域においては地方自治体が先導者となり、国が後追いをしたという事例が見られる。例えば情報公開制度については1982年に山形県の金山町が、1983年には神奈川県と埼玉県が条例を制定し、その後全国の市町村、都道府県に波及したが、国が情報公開法を制定したのは1999年のことである。このように特に政府公共部門における前進は首長の影響力の大きさともあり、地域社会から生ずることも多い。

　その一方で、地域を分析単位として設定し、イノベーションを鍵概念とした事例の分析はこれまで余り行われてこなかった。したがって、ここでは現代日本における地域のイノベーションの重要性と、政府公共部門におけるこれまでの地域先導型のイノベーションの実績を踏まえた上で、対象を地域に絞って分析を進めて行くこととしたい。

2　現状分析

(1)　民間部門と政府公共部門の非効率性

　現代の日本経済は低成長にあえいでいる。このことの原因として少子高齢化を取り上げる論もあるが、少子高齢化社会だから必ず沈滞するというわけではない。むしろ重視すべきは、組織や社会の非効率性が新たな非効率性を生み出し低成長へとつながるという悪循環に陥っている可能性ではないか。また民間

部門と政府公共部門の非効率性が負のリンケージを生み出す、例えば低成長経済下で税収は上がらず政府の制約が厳しくなる一方で、政府も有効なマクロ経済政策を実現できないといったリンケージが存在するとも考えられる。さらに民間部門、政府公共部門を補完すると考えられる第三のセクター、例えばNPOなどについてもこのことはあてはまるのかも知れない。ここでははじめに、民間部門と政府公共部門において発生しそのパフォーマンスを引き下げていると考えられる非効率性の問題について考察したい。

民間部門の非効率性は、およそ20年という長期にわたる株価の低迷や厳しい雇用状況に端的に表れている。これまでは家電業界や自動車産業などの輸出産業が中心となって日本経済を引っ張ってきたが、これらの企業の国際競争力低下は著しく、このことが経済全体の体力を奪っていると考えられる。また、海外進出をする企業が増え国内産業の空洞化が進んでいるという問題もある。しかしながらこのような状況下においても中高年の雇用は若者と比較して相対的に守られているため、例えば新卒で職を求める若者の雇用状況が厳しくなっているなどの問題も生じている。このことは将来の企業組織内部での人的資源の配分に悪影響を与えるであろうし、そのことが日本経済全体に対してもマイナスになる可能性がある。このような非効率性の発生は大きくはマクロ経済政策の欠如にその責任があると考えられるが、一方でわが国の企業の持つ技術力や効率的な企業経営などの「神話」を過去のものとして捨て去るべき時が来た、ということをも意味するであろう。

政府公共部門においては、累積する財政赤字に非効率性が表れていると考えられる。つまり経済は成長しない、したがって税収は上がらない、それにもかかわらず財政は縮小することが出来ない、その結果として公債を発行して赤字部分を埋める、ということが続いてきたということである。もし政府が効率的であるならば、税収に応じて公共セクターの管理費用（例えば人件費）から始めて最終的には公共政策そのものの質量を減らすということにより赤字を極力出さないように経営するだろう。しかしながら、わが国の現状はそのようにはなっていない。この規律の無さは民間部門であれば経営悪化という形で退場を

余儀なくされるが政府公共部門にはそのような圧力がかかりにくい、という事情から来るものである。ただし、政府公共部門においてもこれまでのように何があっても安泰といった楽観論は捨て去る必要がある。特に地方自治体においては財政再建団体に指定されるなど厳しい経営を迫られる自治体も出てきている。したがって、今後特に地方自治体はこれまでほど非効率性を無視して運営を続けることは出来なくなるであろう。

(2) 非効率性の原因

以上のような民間企業及び政府公共部門の非効率性は何によってもたらされるのであろうか。この問題を考える際には、利潤を上げ株主に対する責任を厳しく問われる企業と、株主に相当する住民に責任を厳しく問われるはずでありながら実際はそのようにはなっていない政府公共部門とは別に考える必要があるのかも知れない。ただし何れのセクターにおいてもある目的を持って形成されたはずの制度が、あるいは組織が現状にそぐわなくなってきている結果として非効率性が発生しているという点においては共通する点があると考えられる。

組織を運営して成果を上げるためにわれわれは有限で希少な資源—例えば資金（政府公共部門であれば税金）、人材、知識、アイディア、時間—を最適に配分する努力をする。そのインセンティブは政府公共部門よりも利潤動機に裏付けられている民間部門の方が高いかも知れないが、何れにせよ希少な資源の配分が効率性の鍵となる。しかしながら組織は形成されてから年月が経つにつれて、組織自体の維持や構成員の既得権益の維持を自己目的化してしまうという悪弊に陥りがちとなる。特に政府公共部門においては、予算の裏付けがある組織がひとたび形成されてしまうと、例えそれが不要になっても簡単にスクラップすることは出来ない。日本の行財政改革においては予算を一律に削減するシーリングや全省庁横並びでの部局削減などが行われてきたが、これも不要なものから削るということではなく全省庁横並びで勝ち負けを付けないという方式であり、一旦出来た組織の粘着力を示すものである。社会を運営するためにはある社会状況を目的とした制度、組織が存在し、その制度、組織の予定に従って希

少な資源が結びつくことによって成果がもたらされる。しかしながら、制度、組織は社会経済環境に応じて変化しなくてはならないにもかかわらず柔軟に変化することが出来ないのみならず制度、組織それ自体の維持が自己目的化してしまうということによって当初の目的を果たせなくなり社会にマイナスの成果をもたらしてしまう。これが民間部門、政府公共部門に共通する非効率性の問題であると考えることができる。

　以上のような状況を改善するためには、新しい資源配分、すなわち資金の使い方、人的資源の獲得及び動員の仕方、知識の組み合わせ方、時間の活用の仕方、などを考える革新が必要となる。すなわち既存の組織の論理や制度の拘束を越えた革新が必要となるのである。

　新制度学派経済学の影響を受けて経営学ではコーポレート・ガバナンス論が発展してきたが、政治学・行政学の分野でもガバナンス論が近年語られるようになってきている。ガバナンスとは簡単に言えば株主が経営者をいかに規律付けるか、市民が政治家を、あるいは政治家が官僚をいかに規律付けるか、というコントロールの問題であり、プリンシパル・エージェント関係の問題である[4]。ただし政治学・行政学の分野におけるガバナンス論は、従来の垂直的、階層的な組織の在り方あるいは人と人とのつながり方から水平的、ネットワーク的なつながりなどを重要視している。当然のことながら、民間部門と政府公共部門の強いつながり、例えば人材の交流なども射程に入っている。この点でガバナンスの在り方がイノベーションを引き起こすポイントとなること考えられる。

3　イノベーションの視点と構想

　ここではイノベーションによる地域活性化を見る際に、重要となる視点について先行研究をもとにまとめる。これらの点ポイントがイベントの中でどのような形で出てくるか、がイノベーションの実質を知る鍵となる。

　イノベーションの本質として、一橋大学イノベーション研究センター

(2001) は「イノベーションは知識を生み、知識を活用する営みである」、「イノベーションはシステムとしての営みである」と言う。このことを手がかりに、知識やアイディアをどのようにして集積するか、どのようにして活用するかという観点から視点を定めてみたい。さらに武石他 (2012, 7-12) において指摘されているイノベーションの実現過程における「資源動員」と「不確実性」の議論を参照し、視点を提供したい。

(1) 知識、人的資源、システム

　知識は民間部門においても政府公共部門においてもイノベーションの最も重要な鍵となる。知識、あるいはアイディアはどこから出てくるのか。知識やアイディアは過去の知識やアイディアの上に成り立っていると考えられる[5]。新しい知識やアイディアが突然発明されるということは皆無とは言わないが、自然科学においても社会科学においても有用な知識やアイディアは過去の蓄積の上に開花していることがほとんどである。したがって、知識やアイディアを生み、活用するためには、知識やアイディアそのものの蓄積が必要となる。

　それではどのようにすれば知識やアイディアを蓄積させることが出来るのだろうか。知識やアイディアを生むのは結局のところ人である。したがって、人的資源の蓄積は知識やアイディアの蓄積に有利に働くであろう。株式会社でも官公庁でも多くの優秀な人材を集めることができれば、知識やアイディアは集積し、イノベーションが発生しやすくなる可能性がある。しかしながら、株式会社も官公庁も予算制約がある以上、新しい知識やアイディアを生み出すに十分なほどには人的資源を獲得することは出来ないかも知れない。それどころか、後述の不確実性の議論からも明らかなように人的資源をどの程度蓄積すれば新しい知識やアイディアが生まれるか、それがイノベーションにつながるかを知ることなど不可能なのである。したがって、制約の中で知識やアイディアを最大限獲得するためには、組織内にとにかく人的資源をため込むという戦略はおそらくそれ自体が非効率なものと言えるであろう。

　ここで資源動員ということについて考えてみたい。資源動員について武石他

(2012) が指摘しているのは、「多様な関連主体からなる「他者」の資源（ヒト、モノ、カネ、情報）が動員されなければならない」ということである。これは知識・アイディアを生み出す際に重要となる人的資源を集積あるいは動員する際の大きなポイントとなる。「他者」を求めることは、あるいはそのことこそが重要なのである。

　このことの理由として、一つには動員可能な人的資源の多様性が得られ、そのことが新しい知識やアイディアをもたらす可能性がある、ということがあげられる。組織外の人間は内の人間と異なった発想を持っている可能性がある。組織は組織の論理を持ち組織人はその論理に有形無形に拘束される。それはあらゆる組織に成り立つことであるが、少なくとも他の組織は自分の組織と違う論理を持っているかも知れない。このことにより他の組織の人的資源の獲得やそれらとの交流が知識やアイディアの結合に新しい局面を与える可能性がある。また組織に縛られていない人材との交流も重要である。政府公共部門においては民間部門との交流も重要だが、市民との交流もまた新たな人的資源の確保であり、新しい知識やアイディアを生み出す可能性がある。

　もう一つは、外との人的なつながりが増えるとそれはネットワーク化し、ネットワーク化するとそれはみるみる増殖する、ということである。資源を外に求めるということの重要性は、それがネットワーク化した時に自己増殖のメカニズムが働くことによって「外」が広がる、という所にポイントがある。このことにより動員可能となる人的資源の蓄積はスピードと量を増し、さらに先に述べたように人的資源の多様性も増すことになる[6]。

　次に大切なのはシステムである。システムとは知識やアイディアがインプットされた際に同じ作動形式で成果をアウトプットする仕組みと考えることができる。システムが存在しない、つまり新しい営みが局所的なものにとどまる場合、新しい知識やアイディアは結実しないかも知れない。つまり新しい知識やアイディアは仮にそれを獲得することが出来ても、それを活かす基盤が整備されていなければ単なる知識やアイディアにとどまるという点を見逃してはいけないのである。

知識やアイディアが属人的なものにとどまるということは、その人（いわゆるキー・パーソン）が欠けた時にその知識やアイディアは埋もれてしまうということも意味する。組織的に知識やアイディアが成果に結びつくようなシステムを形作ること無しにイノベーションは成功しがたい。したがって知識やアイディアを求めて人的資源のネットワークを構築し、仮に新しい知識やアイディアが創発された時にはそれを誰が操作しても安定的に成果へとつなげるようなシステムを構築することがイノベーションの鍵となる。

(2) 不確実性

イノベーションは人的資源とシステムが鍵となるが、しかしながら何らかの試みが確実に結実するという性質のものではない。いわば不確実性に彩られている[7]。この不確実性の問題をゴミ缶モデル（garbage can model）を参考に考えてみたい。

コーエン（M. Cohen）・マーチ（J. March）・オルセン（J. Olsen）が提示したごみ缶モデルは、不確実な状況下の意思決定をモデル化したものである（Cohen et al. 1972）。ゴミ缶モデルは、まず組織を「組織化された無秩序」（organized anarchies）と捉える。「組織化された無秩序」を特徴付ける要素は、①「不確実な選好」（problematic preference）、②「不明確な技術」（unclear technology）、③「流動的な参加」（fluid participation）である。

「不確実な選好」とは、決定への参加者あるいは組織は、自らの選好を必ずしも明確に持っているわけではないということを意味する。意思決定に関する合理性モデルは人々は予め選好を持ち、選択肢について充分な知識を持ち、自らの効用を満足させるように自らの選好に基づいて合理的に行動するという仮定を持っていた。それに対して、ゴミ缶モデルにおいては決定への参加者あるいは組織は政策決定に参加しながら自らの選好を発見したり、発見できないままに行動したりすると考える。

「不明確な技術」とは、決定への参加者あるいは組織は、必ずしも問題、解、決定のシステムの全体像など、決定に必要な知識を持っているわけではなく、

また理解しているわけでもない、ということである。目的に対する合理的な手段の選択が技術的にできないので、したがって、彼らはどのような行動がどのような政策を作り出すかについては不明確なまま試行錯誤の過程を繰り返し、学習を重ねる。

「流動的な参加」とは、組織において、決定への参加者は固定的だったり安定的だったりするわけではなく流動的であるということを示す。参加者が政策決定に関わる程度は常に一定であるとは限らないし、時間とともに変化するかもしれない。また、どのような問題に対しても、同じアクターが同じように関わるとは限らない。したがって、決定に誰が参加するのかといったことは必ずしも明確ではないということになる。

このモデルにしたがってイノベーションの発現過程を描写すると以下のようになるであろう。三つの不確実性に特徴付けられるごみ缶の中で、「決定への参加者（人的資源）」、「さまざまな問題（知識やアイディア）」、「解（知識やアイディア）」は無秩序に混ざり合っている。参加者、問題、解は合理的に最適な形で結びつくというのではなく、混ざり具合や処理の具合などによって、偶然によって結びつく。したがって、イノベーションは問題に対する最適な解が結びつくということではなく、偶然に結びつくものと考えられる。

(3) 研究の構想

以上の視点から、イノベーションによる地域活性化を研究する構想として必要な要素をいかに掲げてまとめとしたい。

1）アクター

はじめに大切なことは分析の対象となるアクターについてその結びつきを含めて明確にすることである。アクターとは参加者であるが、これは人的資源であり知識やアイディアの保有者である。不確実性を伴ったイノベーションの発現、結実の過程を明らかにするためには関係するアクター（住民、行政、企業などが中心となるであろう）と関係するアクター間の関係、すなわち働きかけるア

クターと働きかけられるアクターの関係の明確化、そしてそれがどのようなネットワークを形成しているかについて明らかにする必要がある。さらにそのネットワークが生み出した知識やアイディアが活かされる過程で、成果を挙げるためにどのようなシステムが形成されたのか、が重要な鍵となる。

2）イベントの時系列的整理

イノベーション結実のプロセスは不確実性が高い。そうであるのであれば、イノベーションのきっかけとなった出来事について明確にすることも重要となる。あるイベントにはきっかけがあり、仕掛けがある。また、イノベーションは計画されたものではなく予定されたものでもない可能性がある。これらのことを考え合わせるならば、きっかけ、仕掛けからシステム化、成果という一連のごみ缶の中における流れについて時系列的整理を行うことが重要となる。

3）分析

アクターおよびアクター間の結びつきを明らかにし、イベントの時系列的整理を行った上でイノベーションの発現がなぜ可能だったのかについての分析、システムがなぜ形成できたのか（できなかったのか）についての分析、イノベーションの成果に関する定量的、あるいは定性的評価を行うことが必要となる。この分析を行うことによって、イノベーションの持続可能性、他の地域への移植可能性など新たな結合が社会全体を押し上げることに資するか否かを知ることが出来るのである。

注
1) 企業の形態は様々であるが、ここでは議論を単純化するために株主―経営者―従業員の関係が明確な株式会社を想定して議論を進めることとする。
2) 経済成果という場合、利潤の概念がそれに対応するものとして考えられるであろう。政府公共部門には予算主義である以上そのような概念はなく、違った認識で成果を捉える必要がある。理論的にいえば、一つは同じインプットでどれだけのアウトプットを収めたかという、いわば有効性（effectiveness）の指標である。アウ

トプットの指標は目標というかたちで置き換えることも出来る。もう一つは、同じアウトプットを産出するのにどれだけ少ないインプットですますことが出来たか、という経済性（economies）の指標である。実際の政策評価で用いられるのは有効性の指標であることが多い。
3) 武石他（2012）で取り上げられている企業も、花王、富士写真フィルム、オリンパス光学工業、三菱電機、セイコーエプソン、松下電子工業、東北パイオニア／パイオニア、荏原製作所となっている。
4) プリンシパルとは本人、エージェントとは代理人のことである。エージェントは代理人としてプリンシパルと契約し業務を遂行する。ただしエージェントが契約通りの仕事ができない、あるいはプリンシパルのためにではなく自己利益を追求することも考えられる。これをエージェンシー問題という。
5) 一橋大学イノベーション研究センター（2007）、11頁。
6) 組織内部における人と人のつながりのネットワーク化も大切である。階層的で縦割りの組織においては内部の人間同士のコミュニケーションも緊密にはなりにくい。その意味においては、組織内部の人的資源の組み合わせの新結合が新しい知識やアイディアを生み出す可能性を重視することも必要である。
7) 武石他（2012, 7-9）はイノベーションの実現過程の特質に不確実性を挙げる。さらに、イノベーションに関わるものが自然に関しても社会経済に関しても十分な知識を持ち合わせているわけではないとし、前者を「自然の不確実性」、後者を「意図の不確実性」とする。そしてこの二つの不確実性に対処することが必要になると述べている。

参考文献

佐藤公俊（2004）「政策決定の理論とモデル」笠原英彦・桑原英明編『日本行政の歴史と理論』芦書房、262-285 頁。
武石彰・青島矢一・軽部大（2012）『イノベーションの理由』有斐閣
一橋大学イノベーション研究センター編（2001）『イノベーション・マネジメント入門』
宮川公男（1994）『政策科学の基礎』東洋経済新報社
Cohen, Michael D., James G. March and Johan P. Olsen (1972). "A Garbage Can Model of Organizational Choice", *Administrative Science Quarterly* 17, pp. 1-25.
Simon, Herbert A. (1997). *Administrative Behavior: A Study of Decision-Making Processes in Administrative Organizations* (4thed.), Free Press.

第1章　地域イノベーションの視点

佐々木　茂

要　旨

　本章では、地域の活性化にあたり、小規模な事業でも企業間で産官学＋民の間の適切な連携を通じて、柔軟に市場変化に対応しながら発展させることのできる地域イノベーションのメカニズムを考察した。単なる労働生産性の向上ではなく、付加価値を高めるという生産性の向上を重点的に論じた。顧客の受ける便益を向上させるという考え方を地域のマーケティングに応用して、地域内の様々な活動に活かそうとするものである。具体的には、ニュージーランドで活躍するクリエイティブ人材（映画制作や起業家）が緩やかにつながる環境と海外経験を最優先に位置づける姿勢について取り上げる。また、香港がSARSという危機的な状況からリカバリーするために採用した産官学＋民の連携にも触れることで、地域イノベーションへの取り組み方を多様に論じている。

【キーワード】
付加価値額、地域ブランド、クリエイティブ人材、小規模な集団活動、産学官＋民

　世界には、人口440万人の国で、隣国とはジェット機で3時間もかかる離島であるにもかかわらず、人々が生き生きと暮らすニュージーランドがある。また、人口700万人がひしめき合う場所に3600万人の観光客が訪れる地域、香港もある。共通するのは、地域における生産性の高さ、すなわち、付加価値の

高さである。単に一人の仕事の量を増やすということではなく、効率的に仕事ができるようになった分、より価値の高い仕事に人がつける仕組みに転換していくためにはどのようなイノベーションが起きていたのだろうか。

　本章では、小規模な事業でも、適切な連携が形成されることで、柔軟に市場変化に対応しながら、発展する地域イノベーションのメカニズムについて考察を加えることにする。

1　生産性という考え方

　先進国では、人件費の高さが問題になり、いかにして、時間あたりの労働生産性を改善させるかをめぐり、製造業を中心に改善に次ぐ改善の歴史を積み重ねてきた。本章で取り上げるニュージーランド（NZ）の農業においても、宗主国のイギリスを上回る生産性の向上が課題であった。

　そのNZでは、労働生産性を高めるだけではなく、もう一方の付加価値を高めるという生産性の向上にも力が注がれてきた。

　藻谷（2010）は、労働生産性と付加価値額の関係について次のように指摘している。「ある産業もしくはある企業の付加価値額を労働者数で割ったものが労働生産性である。また、この付加価値額は、企業の利益に、その企業が事業で使ったコストの一部を足したものである。企業が最終的に儲かるほど付加価値額は増え、最終的にはトントンだったとしても、途中で地元に落ちるコストをたくさんかけていれば、地域内での付加価値額は増える。

　付加価値額が増え、付加価値率が高まるかどうかは、技術力にではなく、その商品が原価よりも高い価格で売れて、マージンを取れ、人件費を払えるかどうかにかかっている。例えば、時計。手巻きや自動巻きの方が正確無比なクオーツよりも価格が高い。類似商品が供給過剰に陥ってはいないことと、顧客側の品質への評価が高い分を価格転嫁できていること、総じて言えば「ブランド価値」が高いかどうかが、内需そしてGDPが拡大する決め手になるのである。」

　では、ブランド価値を高めるために、マーケティングでは、付加価値をどう

捉えるのか考えてみよう。

2　マーケティングの付加価値の捉え方

マーケティングでは、価値を以下の式で表す。

$$価値 = \frac{ベネフィット}{コスト} = \frac{実用的ベネフィット + 感情的ベネフィット}{金銭的コスト + 時間的コスト + エネルギー・コスト + 精神的コスト}$$

コトラー（2007）によれば、価値を高める方法として、

①ベネフィットを増大させる、②コストを削減する、③ベネフィットを増大させ、かつコストを削減する（トレードオフ）、④コストの増加以上にベネフィットを増大させる、⑤ベネフィットの低下をコストの削減以下に抑える、といった5つの考え方があげられている。

以上のことから分かるように、現在の我が国の地域産業が持続的な成長を図るためには、コスト削減に終始するのではなく、付加価値の向上のためにいかにしてベネフィットを増大させるかが課題になってきていると言えよう。

そこで、本章では、地域イノベーションの取り組みに当たって、地域産業が取り組むことのできるベネフィット向上のための生産性向上の参考となる事例を検討していくこととしたい。

3　ニュージーランド研究

(1) クリエイティブ人材が活躍する環境を知る

筆者は、まちづくりの研究に携わる中で、リチャード・フロリダ（2007）の提唱する「クリエイティブ人材をどのように育成し、交流させ、地域に貢献して貰うのか」という視点に関心を持つようになった。フロリダ（2007）によれば、「かつては、クリエイティブな人々を世界中から集めて、イノベーティブ

なビジネスに取り組んできた米国は、2001年の9.11テロを契機に、大きく方向性をオープンからクローズドなものへと転換してしまった。その一方で、多様な国々が世界からあるいは世界と繋がっていこうとする中で、これまでにはなかったようなイノベーティブなビジネスを生み出している。NZもその多様な挑戦を続けている国の一つである。」

また、原田ら（2007）によれば、「NZは、輸出額の半分近くが農産物で、農業国。だが、外貨獲得高という点では、観光産業が最も高い貢献度を示している。グローバル市場での活躍を通じて、世界市場でのNZの地位を向上させ、輸出を重視している。しかし、欧米や日本のように強い輸出産業は存在しない。」したがって、NZは農・工・観光業という多様な分野で、海外との結びつきを維持し、拡大することで国全体としての発展を図らなくてはいけないのである。

(2) 観光品質認証システム（Qualmark）[1]

クォールマークはNZ観光業界の公式な品質認定のシステムである。政府の支援を受け、NZ政府観光局とNZ AA（自動車協会）がパートナーシップを組んで設立した組織によって運営している。観光関連商品の品質を審査、評価、認定するために使われるもので、観光サービスの品質と環境対策の両面から評価する世界初の認証システムである。

クォールマーク認定取得のための審査は、以下の通りとなる。審査資格の取得には、それ以前の1年間の事業経営が条件である。実地審査は1年に1回、専門の審査官によって実施する。審査で利用される評価制度は、NZで質の高い観光サービス提供のために設定。審査に含まれる内容としては、「カスタマーサービス」「施設や設備」「業務全般」「安全衛生」が含まれる。

また、クォールマーク認定後にも品質チェックを受ける。これは、観光客からのフィードバックを品質チェックに活かすためであり、抜き打ちで覆面調査も実施する。品質基準に合致しない場合、クォールマークの認証は取り下げられることもある。

イノベーティブな観光事業の取り組みから得られた知見は、他の地域での観

光開発のモデルとなる。その結果、コンサルティング事業にも力が入れられている。

(3) アドベンチャー・ツーリズムとエコ・ツーリズムのコンサルティング・サービス

1）コンサルティング企業の取り組み

NZ の観光開発のコンサルティング企業は、APEC 地域 30 か国以上でアドベンチャーとエコ・ツーリズムのコンサルティングを手がけている。主なメニューとしては、以下が挙げられる。すなわち、戦略策定に対するアドバイス、政策評価、各種調査、調査プラン立案、環境資源評価、予備調査、開発オプションについてのアドバイス、プロジェクトの設計・管理・レビュー、科学的調査・研究、視察や研究ツアー、環境資源利用許可の申請手続き、市場調査、利用者アンケート、市場分析、マーケティング・プラン、国立公園開発、利用者管理、コミュニティ調査、エコ・ツーリズム開発プログラムなどである。

2）アドベンチャー・ツーリズム商品の開発とノウハウの輸出

NZ のアドベンチャーやエコ・ツーリズムのオペレーターの技能、知識、知的財産は他の国でも応用可能である。例えば、スカイライン社は、リュージュの部品を日本の業務提携先に輸出している。

3）人材育成と教育研修制度

NZ では、観光従事者に対する労働安全衛生面に関する規制を強化するため、観光に関する専門資格や職業訓練プログラムの開発が進められてきた。それらの多くは、NZ 資格審査局（NZQA）の認定プログラムである。

(4) 農業の取り組み[2]

1）NZ 農業の特徴

世界最大の酪農及び羊肉の輸出国であり、園芸産物においても大きな役割を

果たしている。農業、園芸産物、林業の総計で、NZ の GDP の 17％を占め、1970 年から 2005 年までの間に平均 3.6％の成長を示し、NZ の他の産業の成長率 2.5％を上回っている。

　NZ 農業は、市場駆動型である。農家の生産意思決定と収益は、国内外の市場次第で決められる。2007 年の OECD の統計によると、NZ は世界で最も農業の自由化の進んだ国であり、補助金は農家所得の 1 ％だけであり、EU の平均 32％、スイスの 63％と較べて極端に少ない。

　2）国際取引への挑戦：価格競争の回避

　消費者の需要の変化と環境問題と食品安全性重視の気運とこれらの変化への確実な対応を行っている。

　NZ 農業は、保護主義の低減、農業部門の自由化への適応、新技術の導入、イノベーションと経営改善に成功した。NZ の農業関連企業は、世界中から製品を調達し、高品質の農産物の生産性を向上させ、戦略的な優位性を活かして他の市場での生産も行っている。そのおかげで、事業構造が進化して、グローバルな生産から利益を上げ、ますます国際競争力を高めている。イノベーション、生産性の向上と国際市場への接近は農業の発展と消費者需要への対応に不可欠である。

　3）農業改革の取り組みの背景

　NZ は、小規模な農業生産国で、大規模な貿易国である。農産物の 85％は、輸出され、2006 年 12 月の NZ の統計では全輸出品の 53％が農産物で占められている。農業、園芸、林業は、NZ の GDP の 17％に貢献し、1／8 以上の雇用に相当する。NZ は、世界最大の羊肉と乳製品の輸出国であり、羊毛では世界第二位となっている。

　NZ の農業は、3200 万頭の羊と 500 万頭の乳牛を飼育。園芸は、重要性を増し、中でもワイン産業は過去 20 年にわたって成長を続け、ここ数年では羊毛の輸出以上に外貨を稼ぐようになってきている。

4）農業の改革と改革によるベネフィット

1984年以前のNZの農業部門は、政府の支援を受けていたが、その結果、市場の変化からかけ離れてしまい、支援に頼るようになってしまった。1984年の農業改革によって、農家への補助の内容を見直したおかげで、改善が進んだ。生産性の向上と経済成長が進み、イノベーションが導入され、市場の変化に対応できるようになったことで、農家の収入が増加した。

1985年以降は、価格補助は廃止され、農家への貸出金利は一般市場並みとなり、非経済的な農家に対する撤退資金は提供されたが、アドバイサリー・サービスは自己負担となり、農家向け税制特権は撤廃された。

改革は、即座にそして幅広い効果を農業と地方の経済にもたらした。農家の所得は低下、農家の投下コストは上昇、収益性は低下、負債は拡大、土地価格は低下、多くの農家が農業を放棄せざるを得なくなった。地方の困窮は、1980年代初頭から後半にかけての農産物価格の国際的な低下と利子率の増加というコスト負荷によってその度合が厳しさを増した。

しかしながら、補助金の撤廃によってもたらされた成果は、全体としてはプラスとなった。農業が効率化せざるを得なくなるにつれて、投下コストも減少した。農業所得の減少は短期間に止まった。農家の規模は、非経済的な単位が大規模なものに吸収されたために拡大した。資源はより効率的に使われるようになり、市場の変化の兆候にも敏感になり、乳製品とブドウ栽培での大規模な農地の活用も見られるようになった。イノベーションが所得増大の鍵となり、農業生産性が向上した。NZの農業は、いまや他の部門よりも高い成長率を示すようになった。

5）NZのfarmer

NZでは、農家が企業家であることが多く、農家という呼び方が適当とは考えられないので、farmerと呼んでいくことにしたい。土地を持っている人が多く、子息が継承している。Massey University（NZ北島最大の農業大学）とLincoln University（農学、畜産学、園芸学の世界的な研究機関）などの出身のfarmer も見受けられる。

6）付加価値の高い農業への転換
A. 生産性の飛躍的改善のために必要な取り組み

地域の中小企業との交流を通じた技術の導入で、生産性を高めている farmer も多い。例えば、牧草だけで羊や牛を育てる grass management の技法も発達した。この技術を日本で取り入れているのが、中標津の JA である。

B. 地域の農業クラスターの特性

NZ は、歴史の浅い国であり、日本のような地域固有のローカル・ブランドは少ない。地域ブランドの捉え方としては、オークランドやクライストチャーチといった地域単位でというよりも、NZ という国家全体を一つの単位として捉えた方がよい。しかしながら、近年のワイン醸造の活況の中で、単にぶどう栽培や醸造だけでなく、生産するワインのテイストにマッチする食の開発にも取り組みが見られ、レストランを併設する farmer も少なくない。まさに、農業の六次産業化の本場と言えるのではないだろうか。しかも、そのレストランは、フレンチやイタリアン・フードが提供されている点も特徴である。

(5) 地域資源の最大活用──Kaikoura 村の Whale Watch 社[3]

南島の Kaikoura という海辺の漁村が 1987 年に、あまりの失業率の高さ（一時は、村民の 95％が失業）と貧困を克服するために、自然界の鯨を観光資源として位置づける取り組みを始めた。この村、さらには、NZ という国にとっては、かつては捕鯨の対象としてのみ考えられてきた鯨との共生の取り組みのスタートであった。

その取り組みの中心にいたのが、Whale Watch 社であり、同社の成功によって、Kaikoura は海洋野生動物との出会いを提供する NZ における体験型ツーリズムのリーダー的存在になっていった。単に、観光客に鯨を見せる船を仕立てるだけではなく、新しい宿泊施設、レストラン、お洒落なカフェ、地元のアーティスト作品を集めたギャラリーへの投資も促進したのである。さらに、

鯨だけでなく、海中でイルカと泳ぐドルフィン・スイミング・ツアーの会社も設立され、海洋生物とのさらなる共生の機会も拡大している。

ここで注目されるのは、持続可能なツーリズムの取り組みである。Whale Watch 社は、洗練されたホエール・ウォッチング体験を約束する一方で、希少な天然資源を大切に活用している。マオリ（先住民）の所有する会社として、Whale Watch 社は、訪問者へのホスピタリティと自然界へ敬意を払うという2つの価値を大切にしている。人々、土地、海、そしてすべての生きとし生けるものを包括的に捉えている考え方である。

こうした考え方が、これほどまでに多くの訪問客が神秘的体験を提供するツアーに参加する理由になっていると言えよう。

(6) 小規模な集団活動やつながりの重視

1）NZ の地域の企業活動に見るソーシャル・キャピタル（人と人のつながり）

佐々木（2006）によれば、ソーシャル・キャピタルとは、特定の目的のために参加する人々の間での「信頼」を基軸として、相互の個人能力を認め合いながら連携する社会的関係性を指し、その利用により人々に互恵的な利益がもたらされる、という考え方である。

人口440万人という規模で、その小規模性を活かして、ベンチャー企業、農業、観光ビジネスなどが活発に行われている背景には、国民皆協力とも言えるような連携力、それも極めて緩やかな関係性が強みとなっている。

2）中小企業の活性化にも有効

NZ における近年の観光ビジネスの特徴として、多様な企業の連携とワン・トゥ・ワン・ツーリズムの取り組みが見られる。例えば、近年、日本でも団体から個人旅行に旅の形態が様変わりしたが、NZ では元々が小規模な催行人数のツアーが中心である。したがって、現地での情報提供能力のウエイトが大きくなっている。この現地情報を詳細に一人ひとりのツーリストのニーズに合わ

せて提供してくれる"i-site"は、各市町村に必ず1カ所は設置され、当該地域と周辺、NZ全域の情報を提供する。クライストチャーチなどの中規模都市では、日本人スタッフも常駐している。こうした公的機関のサポートを核にして、多様なツーリズム事業者が協力して競争を展開している。

現地においても、ドルフィン・スイミングのように、最大催行人数が船一艘あたり、13人（×3艘＝39名）と限定しているものもあり、団体旅行は受け付けていない。B＆Bが宿泊先の中心を占める地域ということもあり団体旅行を受け入れることはできない。

一方、IT産業の取り組みとしては、『日経産業新聞』（2007/4/10）の以下の記事が特徴的である。すなわち、「NZのGDPの内、IT産業は付加価値ベースで5.5％。『医療分野のIT化は得意分野。技術を結集し輸出する』と、ウェリントン市の業界団体NZヘルスITクラスターのアンドリア・M. ペテット理事長は言う。同団体は2002年に医療分野のIT企業や大学、専門家で設立したNPOでメンバーは46企業・団体。特許弁護士のペテット氏などが医療IT分野の知的財産を管理する。医療IT化成長の背景について同氏は『政府が医療制度の電子化で72年に導入した医療番号制度が大きい。患者を認識するため、固有の患者ID番号制度を導入、それが電子化に大きく役立った』と言う。最近は米マイクロソフトやIBMも関心を持ち始めた。開発費支援を通じて彼らと情報交換することで、グローバルな医療ITシステムを作ろうとしている。」

Bob Hamilton[4]によれば、クライストチャーチ市内の病院の周辺には、医療関連分野のベンチャー企業の集積が見られるとのことであった。公的機関と企業の連携からも、多様なイノベーションがもたらされていることが分かる。

3）緩やかなつながりと間接的な応援で気持ちのいい大会運営（Grape Ride Tour）[5]

以下に示す、Grape ride tourとは、NZの南島の北部に位置するMarlborough地域で開催される自転車のイベントで、ブドウ畑や山間部を101kmに渡

図表 1-1　Grape ride tour 実施のための地域内の連携

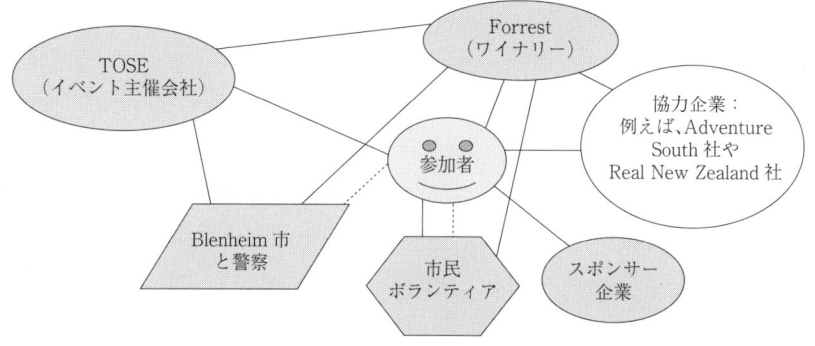

って走破する。筆者が参加した 2010 年の大会で通算、22 回目に当たる。

　図表 1-1 に示されているように、Grape Ride Tour の実施にあたり、イベント運営会社でイベント全体のオーガナイザーである TOSE と、スタートとゴールの会場を提供する Forrest ワイナリー、大会運営に要する費用の一部を負担してくれるスポンサー企業、市民のボランティア、地元の市役所や警察署に加えて、協力企業として、多数の旅行代理店がサポートしてくれることで成り立っている。

　参加する企業にとっては、参加者とのつながりをリアルに持てる場面となり、ワイナリーにとっては、自社ブランドの発揚の場となる。

　こうした一つひとつは小規模でも、多種多様な協力者が関与してくれることによって、参加者は、低廉な参加費用で、たくさんのサービスを享受することができる。地域経済にとっては手軽に参加できるイベントである一方で、世界中から参加者を集め、1〜2 週間滞在する人もおり、家族や親戚中を引き連れてくる人もいて、大会の一週間前から、Blenheim 市のホテルや B&B は予約で一杯となり、地域の商店やワイナリーの利用者も増加する。

　リアルニュージーランド社は、日本人が日本人向けに現地でしか入手できない情報を元に、少人数の個別ニーズに対応したメニューを作成してくれる旅行代理店を営む一方で、こうしたイベントの運営にも協力する。Adventure

South 社のように、世界各地から NZ への観光の手配や世界の人を日本に観光させるツアーを企画する企業も大会運営に協力する。

(7) スポーツ・ツーリズム

NZ における体験型ツーリズム調査から、スポーツ・イベントは、必ずしもそれ自体が収益源というよりも、むしろ以下の視点で、波及効果を期待出来ることが明らかになった。

1) スポーツ・ツーリズムの意義

A. 地域を知ってもらう：人口3万人の農業中心の Blenheim 市には、これといって観光資源は存在していなかった。さらに、前述の人口3800人の失業の町 Kaikoura では、捕鯨以外に仕事すら存在していなかった。しかし、いずれの町も体験型のツーリズムの導入によって、世界中の人々の知るところとなり、観光のメッカとなった。しかも、2つの町は、広域観光地域であり、ほとんどの観光客はこの地域一帯を訪れる。

B. 地域を体験してもらう：自転車やウォーキングのコースが整備されていればいるほど、ゆっくり、じっくりと地域を見てもらい、地域の見所を「よそ者」の視点で発掘してもらうことも出来る。

C. 地域の健康を増進する：Grape Ride Tour には、老若男女を問わず参加者がいるが、ガンの克服者で 101km を完走した人 23 名、同 15km 完走者 2 名であった。ほとんどの人が毎日のように 50-100km 程度の練習に取り組んでいるという。

D. コミュニケーションの視点：体験したことを人に伝えたくなるのが人の常であり、twitter は、そうした人々のコミュニケーション・ニーズに見事に応えたツールといえよう。地域としては、こうしたつぶやきも含めて、認知的不協和を打ち消すことのできる情報発信に努めておく必要がある。また、エキサイティングな取り組みは、世界のメディアが注目するところとなり、取材が頻繁になるので、専門的な対応の出来る体制を用意する必要がある。これが、

地域ブランドのアイデンティティ形成につながっていくのである。

2）自転車という便利な道具に注目

コトラー（1996）によれば、地域マーケティングのターゲットは、通勤・通学（地域住民）と訪問客（観光客）と輸出（移出）が中心とされるが、自転車の利用によって、さらに拡大させることができる。たとえば、スポーツ、観光、健康増進、買い物、通勤や通学、営業である。観光では、北海道の美瑛のように広大でアップダウンのある地域で、ゆっくりとマイペースで自然環境を満喫しながら、周遊する場合に、電動機付き自転車を用意しておけば、幅広い人たちの利用も可能となるだけでなく、環境にも優しい取り組みになる。

一方、地域の基盤整備という視点でも活用が可能である。自転車というスポーツは、公道を走ることが多く、たえず安全性が課題である。その意味で、自転車専用道を広域に確保する必要がある。だからといって、NZといえども、専用道を容易に敷設できるわけではない。そこで、廃線鉄路や用地買収難で未利用道路の活用も視野に入れることで、財政難の自治体でも取り組みは可能となる。オタゴ地域の中心部では、廃線跡を活用して、トレイルを整備し、ツアーを実施している。Otago rail & trail（4泊5日で200km以上を走破）のツアーは26回催行され、世界のバイカーに地域を知ってもらうことにつながった。

また、自転車の利用は、スピードの視点でも興味深い。自動車と比べれば、ゆっくり走れることから、個々人で発見するオリジナリティの高いツーリズムを体験できる。

(8) 外部の小集団活動をグローバルにつなげるソーシャル・メディアの持つ可能性

地域イノベーション、特に、観光による地域の活性化には、正確な情報提供の出来る旅行代理店の切り口が大切である。これは、着地型のツーリズムに不可欠なプラットフォームにつながる。そして、リアルニュージーランド社のような旅行代理店が、日本人をはじめとしたアジアの人達のツーリズムに対する

価値観を変えていくことが、いわば新しいビジネス・モデルになるのではないだろうか。

これに、情報の普及モデルの開拓も求められているのが、現代の地域イノベーションの特徴と言えよう。地域の情報発信は、いまや多様な媒体の利用が不可欠である。

マス・メディアの利用という点では、地域の活動は、企業による新製品情報に比べてニュース価値が高く、パブリシティとして地方紙や専門誌を中心に取り上げてもらいやすい。また、コトラー（2010）によれば、"マーケティング3.0"は、協働マーケティング、文化マーケティング、スピリチュアル・マーケティングの融合である。この協働マーケティングを成り立たせているのが、ツイッターやフェイスブックなどのソーシャル・メディアである。

このように地域イノベーションでは、従来型のパブリシティに加えて、ソーシャル・メディアを組み合わせて活用するメディア・ミックスの発展が大きく貢献するようになった。つまり、C（消費者）＋C＋B（企業）もしくはR（地域）というつながりが、地域のイノベーションの推進力となる時代に入ったと考えることができる。

⑼　ニュージーランド人の優しさというホスピタリティに学ぶ

歴史や文化などの観光資源が乏しい環境だったNZの地域イノベーションの取り組みを総括すると、以下の4点にまとめることができる。

①内外の人々との交流（Overseas Experience (OE)：600万人のNZ人の160万人以上が海外生活）

②OEによって育まれた「優しさ」というホスピタリティ

③自然環境を中心とする地域資源と芸術性の重視

④小規模組織の連携（つながり）が相乗効果となって、新たなツーリズム形態を創造

地域の再生が課題の我が国も、NZにおけるツーリズムを起点にした地域イノベーションに学べる点は少なくない。

4　リカバリー・マネジメントに見る地域イノベーション：香港のSARS後の取り組み

　2011年3月11日の東日本大震災とそれに続いて発生した東京電力福島第一原子力発電所の爆発による地域へのダメージは、その後の対応の手際の悪さも相まって、日本全国に悪影響をもたらした。
　一方、地域の危機を乗り越えて、従前以上の活性化に成功した地域も存在する。例えば、SARS後の香港の取り組みは、かなりイノベーティブだったと言っても過言ではない。
　香港では、産学官民の取り組みが奏功し、SARS発生年度（2003）こそ、前年を100万人程度割り込む観光客の減少を見たが、そこからの飛躍的回復により、2010年度には、3600万人を超える観光客数となっている。
　その取り組みの主たるものを挙げると以下の通りである[6]。

(1) 官主導の取り組み

　1) WHOとの連携について、Kam-hon Lee教授の話[7]
　まずは、「安全性」の確保が不可欠であった。SARSがコントロール下にあるかどうかを明示するための客観的な測定尺度が必要とされていた。つまり、SARSとは何かを知り、医療面での対策を講じる必要があり、まさにこれは、世界が注目するチャレンジであったのである。
　SARSの発生源や原因は明らかとはならなかったが、香港では押さえ込むことができた。しかし、それが世界に認知されるためには、世界標準であるWHOに認めてもらう必要があり、政府は正しく情報を提供し、世界の人々の信用を得ることができた。

　2) 香港政府観光局による中小企業対策としての借入保証スキーム
　レストラン、ホテル、旅行代理店、小売業者、映画館などを対象に、23の

金融機関による 35 億ドルの貸し付けと 100％政府保証が実施された。用途は、従業員の給与支払いが中心となった。1559 社に対して、総計 499 万ドルの貸し出しが実施された。

3）香港政府観光局による既存の観光名所の魅力の向上

A．港のライトアップ計画 "A Symphony of Lights"（SOL）が実施され、2004 年には 18、2011 年には 44 のビルが参加するようになった。SOL は、ギネスの世界記録に「世界最大の常設の光と音のショー」として登録されている。

B．地域の魅力向上計画では、総資本コスト 9 億 1 千万ドルを投じて、街並みの改善、環境の美化と緑化、観光施設の魅力向上、屋外の食事やストリート活動用のオープン・スペースを整備した。

4）HKTB（Hong Kong Tourism Board）によるグローバル観光復興キャンペーン

第一段階では、"Seeing is Believing" をマーケティング・テーマとして採用し、観光客の急速な回復と支出を増加させ、香港に対する前向きな態度を形成させることに成功した。香港が SARS 感染エリアの除外指定を受けた後の積極的な PR、産業とメディア関係への表敬訪問、国際見本市への参加に力を入れた。

また、"Hong Kong Welcomes You!" プロモーションでは、観光客への無料航空券、特典、値引きを提供した。さらに、レアルマドリッドやリバプールのサッカー・チーム、バスケットのスター、ヤオ・ミンや松任谷由実などのスターを香港に招待した。

こうした取り組みの成果として、香港のメディア価値にして、10 億ドル以上がもたらされ、初期（2003 年）のキャンペーン後の観光客は、5 月には 43 万人、7 月には 129 万人となり、8 月には 164 万人となった。ホテルの客室稼働率は、5 月の 17％が、8 月には 88％まで回復した。

第二段階では、"Hong Kong？Live it, Love it!" のグローバル・マーケティ

ング・キャンペーンが、16カ国にわたって実施され、香港の4つの中心的な強み（ショッピング、食事、伝統／文化と祭、都市＋緑地）を提示した。これは、長期的な回復を維持し、長期滞在を復活させることを狙ったキャンペーンである。

(2) 大学の取り組みについて、Kam-hon Lee 教授の話

香港大学では、ツーリズム産業のエアラインやホテルや小売業など多数の業界と協力して、スピーディな復旧に向けた取り組みを行った。同時に、企業間や政府と企業の間での協力関係の構築も必要であった。同ビジネス・スクールも協力関係を構築するお手伝いをした。キャンパスを活用して、オープン・ディスカッションの機会も設けた。

(3) 産業界の取り組み

1）空港会社（Hong Kong International Airport：HKIA）の活性化パッケージ
同社は、乗客ターミナルの店舗のレンタル料軽減、空港利用料と航空会社のラウンジやオフィスのフランチャイジー賃貸料の後払い、航空機の離発着料を一時的に50%まで低減し、HKIAの安全性を伝えるためのグローバル広告キャンペーンを展開した。

2）キャセイパシフィック
同社は、単独で、香港市民に外国に住む親戚や友人を香港に招いてもらうための無料航空券を1万枚配布した。

3）EGL tours
同社は、香港で、日本向けのツアーを中心に、旅行代理店業を営んでいる。SARSの渦中にあった折には、香港市民向けの香港内のツアーを催行した。前述のキャセイの取り組みとも相まって、市民自身が、親戚や友人のガイドを務めることができるようになったという。同社は、1986年に日本専門の旅行代

理店として香港を拠点に、仲間5～6人とスタートした。1995年に転機が到来した。阪神大震災、地下鉄サリン事件、超円高という3つの出来事から、大手旅行社が日本向け旅行を中止した結果、航空会社がEGL toursに航空券を販売してくれるようになり、ビジネス・チャンスが拡大した。

さらに、問題のSARSの発生した2003年には、200人のスタッフを動員して、一日ツアーを開発し、$88で、香港人観光客に一日に20～25台のバスツアーでの観光を提供した。その結果、従業員を一人も解雇せずに済んだという。

2005年には、インバウンドもスタート。売上高シェアは、5％程度。それ以外は、日本シェア（50％）を中心に、アウトバウンドを推進している。2011年3.11の東日本大震災にもかかわらず、4月16日には、日本向けツアー（沖縄方面）を再開した。

(4) 民の取り組み

香港市民は、政府とWHOによる海外渡航の自粛や衛生管理に関する指示を遵守した。このときを契機に、マスクを使用する人が増え、百貨店などの食品売り場では、常時、マスクを着用するようになったという。さらに、香港人自身が、親戚や友人を連れて、香港の中をガイドし、観光の一翼を担うようになった。

5　おわりに

本章では、地域の諸活動の生産性の向上を付加価値の向上に求め、NZと香港の取り組みを中心に論じた。前者は、人口、産業、市場ともに極めて限られた条件の中で、地域の活性化に取り組んでいる事例であり、後者は、地域全体が経済閉鎖という危機に見舞われた中での再起から再生を経て、活発な経済活動を創出した事例である。

我が国の人口高齢化や人口減少とそれに拍車をかけた甚大な災害による経済の停滞は、地域社会にも多大な影響を与え、再起のきっかけをつかむことすら

難しいように見える。しかし、本事例研究からも分かるように、厳しい条件下にあっては、その厳しさの度合が激しいほど、人は立ち直ろうとするエネルギーと知恵を産み出そうとするのである。

　紙幅の都合から、詳述はできないが、香川県高松市の丸亀町商店街における地権者、商業者、商店街振興組合と自治体や国との連携が、一つの地域イノベーションの取り組みと言えるであろう。この取り組みでは、これまで解決が困難とされてきた「中心市街地の商店のオーナーの所有と利用の権利の分離に始まり、中心市街地への集合住宅の計画的配置や病院施設の誘致、そして、商業集積の基本とも言えるテナント・ミックスを導入して、再生を果たし始めている[8]。」

　地域が主体となってこそ、地域の再生があり得る、それが地域イノベーションの真価と言えるのではないだろうか。

注

1) クォールマーク（Mark of Quality）[i]　訪問時に取得した資料より
2) NZ Ministry of Agriculture and Forestry（農林省）で入手した"The Changing Face of New Zealand Agriculture"から
3) 佐々木茂著「ニュージーランド・ケース」、観光庁産学共同研究 2010 から
4) カンタベリー大学経営学部での同教授へのヒアリングから
5) 筆者が参加して体験取材したレース（2010.03.27）の運営の内容から
6) 佐々木茂著「香港ケース」、観光庁産学共同研究 2011 から
7) CUHK Business School The Chinese University of Hong Kong, Director, School of Hotel and Tourism Management, Director, Center for Hospitality and Real Estate Research, Research Professor of Marketing
8) 筆者は 2012 年 7 月 23 日に高松丸亀町商店街振興組合を訪問し、古川康造理事長にインタビューした。

参考文献

藻谷浩介著『デフレの正体―経済は「人口の波」で動く』角川書店、2010 年、142-153 頁。
コトラー著、恩蔵直人訳『マーケティング・マネジメント　ミレニアム版』ピアソン

エデュケーション、2007年、14-15頁。

リチャード・フロリダ著、井口典夫訳『クリエイティブ・クラスの世紀』ダイヤモンド社、2007年。

C&C振興財団監修、原田泉編著、上村圭介他著『クリエイティブ・シティ』NTT出版、2007年、72頁。

高崎経済大学附属産業研究所編『事業創造論の構築』、佐々木茂「第1章 事業創造の新たな視点」日本経済評論社、2006年。

日経産業新聞、2007/4/10、p.4。

P.コトラー、I.レイン、D.H.ハイダー著、前田正子・井関俊幸・千野博訳『地域のマーケティング』東洋経済新報社、1996年。

フィリップ・コトラー、H.カルタジャヤ、I.セティアワン著、恩藏直人監訳、藤井清美訳『コトラーのマーケティング3.0 ソーシャル・メディア時代の新法則』朝日新聞出版、2010年。

第2章　農業・農村におけるイノベーションの展開と課題

村山　元展

要　旨

　本稿は農業・農村に係るイノベーションをめぐる議論を検討するとともに、若干の事例を通して、イノベーション推進上の課題の整理を試みた。課題としては、①イノベーションの担い手や地域連携システムのあり方の解明、②個々の経営の利潤とともに、農山村活性化が同時に追求される必要があること、③加工や販売、交流といった多様な分野への挑戦の必要性がある。また、実態調査を通して、①核となる商品数、ビジネスの範囲の広さから、農村のあらゆる資源を所得増大の「種」として活用するイノベーションが蓄積されていること、②イノベーション主体の考え方や目標によって、多様な規模のビジネスが存在すること、③意欲あるイノベーターが、多様な形でビジネス展開へのチャレンジを紹介した。

【キーワード】

6次産業化　フードシステム（フードチェーン）　多様な担い手　地域内発的アグリビジネス　食料・農業・農村基本計画

1　農業・農村におけるイノベーション

(1) イノベーションとは何か――一橋大学イノベーション研究センター『イノベーション・マネジメント入門』を手がかりに――

　イノベーションについての考え方には、論者によって微妙な差異があるが、ここでは一橋大学イノベーション研究センター『イノベーション・マネジメント入門』を手がかりに、イノベーションのポイントを整理したい。

　同書ではシュンペーターの「新結合」の考え方を基礎に、イノベーションを「経済成果をもたらす革新」ととらえている。「あくまでも経済的な成果を目指し、それが市場で実現されたものがイノベーション」[1]だとする。いいかえると、イノベーションは市場によって評価され収益の増大として現れて初めて意味を持つということになる。

　そのイノベーションには、①従来なかった画期的なタイプ（非連続的な革新）と②小刻みに改善していくタイプ（連続的・漸進的な革新）があり、いずれもが重要な役割を持つことが、指摘される。つまり革新はそれを目指す大小、連続不連続、様々な営みの上に成立するものであることが指摘されている[2]。

　また、イノベーションの担い手については、それは個々の企業であり、そのイノベーションの積み重ねが国の経済成長をけん引するという点を強調する。イノベーションの持続性が、国の経済成長を左右することとなり、それゆえイノベーションを促進することが、国の政策として重要であると指摘する。

　さらに本書ではイノベーションの本質について4点を指摘する[3]。第1はイノベーションの基本が知識であり、その知識が具体化されたものが商品だという点である。第2はイノベーションがシステムとしての営みであるという点である。すなわち経営というシステムがあって初めて成立する経済的成果だということが指摘される。第3はイノベーションが社会的な営みであるという点で、それは、イノベーションがその時々の生活、制度のあり方、時代性、社会のニ

ーズといったものを背景に成立するものだからだという。第4はイノベーションが矛盾に満ちた営みだという点である。例えば成功による社会的評価と成功の不確実性という矛盾や、革新的なイノベーションと漸進的イノベーションの両方が求められるという点があげられている[4]。

以上は経営学一般におけるイノベーションである。ポイントは、経営の収益増大に貢献するとともに、持続的な取り組みが必要だということであり、経営という場を通じた社会との交渉であり、矛盾の克服だということである。

このイノベーションの考え方が農業・農村政策において重視され、政策に適用されつつある。そこで、以下では農業・農村に係る政策レベル、研究レベルでのイノベーション論を検討し、イノベーション推進上の課題を整理したい。

(2) 農業政策におけるイノベーション促進政策──2010年改定「食料・農業・農村基本計画」──

民主党政権によって2010年に改定された新たな食料・農業・農村基本計画では、農業経営や地域農業の新たな方向と政策を提起している。そこでこの中から農業生産・流通、農村地域対策に関するイノベーションと思われる部分を紹介しよう。

まず、「食料の安定供給確保に関する施策」における「食の安全と消費者の信頼の回復」では、①フードチェーンの取組拡大をあげ、食品安全・環境保全・労働安全のような幅広い分野を管理する農業生産工程管理（GAP）を推進すること、②製造段階では導入に要する費用への助成を前提に、危害分析・重要管理点（HACCP）システムの導入を推進する、③流通段階では食品に関するトレーサビリティ制度の導入を推進するとしている。さらに④食品産業による国内農業との連携強化や食品産業の農業への参入促進、食品流通の効率化・高度化等を目指すフードチェーンの連携の促進を図るとしている。

「農業の持続的発展に関する施策」では、民主党政権の目玉の一つである「戸別所得補償政策」とともに「6次産業化」による所得増大が柱として位置付けられている。具体的には、①農業者が加工、販売等に主体的に進出し、経

営の多角化・高度化を支援し、特に加工食品や外食等多様なニーズに応えられるよう、関連業界との連携を支援するとしている。他方で食品産業事業者等の農業参入も支援するとしている。そして②個々の産地についても地域ブランドづくりによる収益力を高める生産・販売戦略を支援するとしている。

その他に、担い手が不足している地域での集落営農の組織育成とその法人化や6次産業化の支援、農業経営の法人化および経営多角化支援、農業への非農家出身者の参入や中高年層の帰農支援、女性起業支援が強調されている。

「農村の振興に関する施策」では最初に「農業・農村の6次産業化」が掲げられている。①「地域資源を活用した産業の創出」では、農林水産業・農産漁村に由来する農林水産物、副産物等の地域資源を最大限活用するため、農林水産業を軸とした地場産業を活性化するとともに、技術革新や農商工連携等を通じ、様々な資源活用の可能性を追求するとしている。そしてこのような資源を活用する新たな成長産業を育成し、6兆円規模の新産業を農山漁村地域に創出すると目標を掲げている。また、②「バイオマスを基軸とする新たな産業の振興」では、石油代替資源として農山村地域での利用を推進するとともに、エネルギーやプラスチック代替製品づくり等の新たな産業としてのビジネスモデル構築を支援するとしている。

さらに「都市と農村の交流等」では農林水産業・農山漁村が有する教育、保健・休養等の多面的機能に注目し、都市と農山漁村が連携して、農山漁村を教育、医療・介護の場として活用するための施策を推進するとしている。

このように、農業・農村政策では個々の経営イノベーション促進政策にとどまらず、フードチェーン＝生産・加工・流通・販売におよぶ食料システムのイノベーション、さらには農業生産の場であり、生産者の生活の場である農村地域のイノベーションまで、幅広く政策対象とされる。もちろん、その核には生産や加工、販売を担う経営の利潤確保と持続性があるが、フードチェーンという「システム」や農山村という「場」を同時に視野に入れる必要がある。

(3) 財界の農業イノベーション論――経済同友会「農業の将来を切り拓く構造改革の加速イノベーションによる産業化への道」――

経済同友会が2004年に「イノベーション」を冠して発表したのが、この報告書である。報告書では「強い農業を確立するための基本理念」として、「今日の農業にとって最も大切なことは、イノベーションを実現する体質を培養すること」だとして、①市場メカニズムの活用、②大規模経営の推進、③構造改革の達成による食料自給率の改善、④農村社会の安定を掲げる。

①では、事業者の創意工夫を刺激して競争力を強化するには、市場メカニズムの活用が政策の基本とされるべきであること、それによって新しい技術やシステム、アイデアが取り入れられるとする。②では、生産性の高い持続可能な産業とするには、大規模化が必要であり、規制緩和が求められるとする。③では、構造改革による強い農業の確立によって、消費者の需要構造の多様化、消費者ニーズに対応でき、食料自給率向上が可能とする。④では、強い農業が雇用創出等の地域経済の活性化に貢献し、農業の多面的機能の維持が可能となるとする。

「農業の将来を切り拓く構造改革の加速」では、①法人経営の推進、②農地利用の効率化、③技術開発の推進とその活用、④マーケティングを駆使したブランド戦略の展開、⑤顧客視点の生産・流通構造の実現、⑥直接支払制度の活用、⑦都市との交流の促進があげられている。

①では、事業の継続性や規模拡大には法人経営に優位性があり、従事者も雇用によって所得等の安定が可能になることが強調される。特に株式会社は資金調達やマーケティング、研究開発など新たな価値創造が可能であり、農業参入の規制緩和の必要が説かれる。②では、この株式会社への農地参入を可能にするための農地制度の改正が指摘されている。③では特にITの活用、野菜工場によるプロセスエンジニアリングの革新、バイオテクノロジーによる品種改良や遺伝子組み換え技術開発が指摘される。④では消費者の信頼を得てブランドを確立することが高付加価値の基本であり、知的農業への展開につながるもの

であるとする。⑤では、消費者と生産者の距離を縮めるには生産と流通の一体的改革が不可欠であり、販売価格の引き下げ、消費者ニーズの把握等の効果が得られるという。⑥では、一定規模以上の経営を対象に直接所得補償を導入することで、構造改革と農産物の市場価格引き下げが可能であるとしている。⑦では、顧客視点の知的農業には、都市の消費者との交流が必要だという。

以上のように、経済同友会のイノベーションは、構造改革による大規模な企業的経営＝法人経営の育成をベースにしている。企業化、法人化によって、経営が多様なイノベーションに取り組むことが可能であり、そうした企業活動によって農山村の地域資源維持と多面的機能の発揮が実現されるという。その意味では、経営学一般のイノベーション論とかなり近い主張である。

(4) フードシステム論におけるイノベーション

農業経済学の分野において、実は、個々の経営や地域の様々な取り組みをイノベーションとして議論することはほとんどない。おそらく、あえてイノベーションという概念を用いなくても、研究者や実践家の間でその革新性や重要性が了解できているからであろう。例えば農業経済研究者がよく用いる「新技術の適用」や「経営多角化」「高付加価値化」「6次産業化」といった言葉は、イノベーションの具体的な内実を示すものである。

しかし近年、農業経済学の一分野であるフードシステム論においては、特にイノベーションという言葉を用い、農業経営や食料関連企業の革新的取り組みが議論されている。以下ではその代表的研究者である斎藤修氏の著書を通して、その考え方を紹介する。

斎藤氏はまず「付加価値を実現し地域に所得拡大をもたらす……には、農業サイドに力点をおくだけでなく、地域内外の異業種を含めた食品・関連企業との連携と集積化によるイノベーションによってクラスターを形成し、さらに地域がパートナーシップの関係性を構築できるようなフードシステムを構築する必要がある」とする。「異業種」・「クラスター」・「フードシステム」がキーワードである[5]。

また、地域の農業と食品・関連産業が持続的に成長するための課題と戦略について、フードシステムの観点から解明し、ブランド化戦略の構築や、サプライチェーンとバリューチェーンを統合化する（インテグレーション）ことが重要だとする。フードシステム視点の重要性である。そしてこの二つのチェーンについては「サプライチェーンによる効率化とバリューチェーンによる価値提案や付加価値形成をすすめて、その利益がパートナーシップの関係で分配されることが期待される」6）という。

この食料産業クラスターについて、氏は「食料産業クラスターの戦略を基礎としながら、そこに6次産業や農商工連携の戦略を埋め込んでいくことが必要であり」、農山村地域としては、「地域内発型アグリビジネスをもとにして、集積とイノベーションの経済効果を発生させ、さらに農業と食品・関連企業との連携を強めようとしたのが（地域の）食料産業クラスターの戦略」であるとする7）。食糧産業クラスターの形成が、農山村地域の戦略としてのイノベーションである。その上で、産地や食品・関連企業による両方のチェーンを統御して生産・加工・販売まで統合化する戦略をインテグレーションと新たに定義している。

このように、氏のイノベーション論は①地域内発的アグリビジネスという言葉に表されているように、地域と企業・経営の両方を視野に入れ、②地域を基盤にした食料産業クラスターの形成がひとつのイノベーションであり、③その産業クラスターが一体となって、生産・加工・販売のフードシステム全体を統合（インテグレート）し、④さらに、サプライチェーンとバリューチェーンの二つのチェーンを制御・拡充していくことで、地域とその地域に立地する企業・経営の利潤を増大させると、整理できよう。

次いで氏はイノベーションの担い手に関連して、「農商工連携」の今日の到達点について整理し、「川上から川下までのフードチェーンの形成や連携によって、それぞれの経営主体が新しい役割を担うようになった……食品・関連企業が農業との連携を強めた契約生産システムを確立し、さらに資本提携や直営農場によってビジネスモデルを構築する動きが始まり、建設業まで含んだ企業

の参入が拡大するようになった」と指摘する[8]。

　また地域経済の持続的展開の必要性に関連して、「食料クラスターは地域経済の活性化と自立化のために、地域に集積した食料関連企業と農業を連携させて商品とサービスの付加価値をつけるイノベーションを継続させることを目的とする。しかし、地域の競争力を拡大するには、地域外の食品・関連企業と連携し、その経営資源を活用するために技術や経営資源の移転や補完機能を強める必要がある」という[9]。

　さらに今後の課題として「食品・関連企業にとっての農業との関係は原料調達という取引関係……製品開発（では）市場で十分な評価を受けるだけの販売金額に達しているケースはほとんどない……製品開発だけではなく、情報の共有化や……食品・関連企業から農業サイドへの技術やノウハウの移転、出資関係の形成による経営体の育成も課題とすべきである。……地域の活性化は、食品・関連企業から農業サイドへの波及なくしては大きくすすまないであろう」と指摘する[10]。

　このように、食料産業クラスターは、現在の連携や活動水準にとどまるのではなく、集積された農業生産者や企業が相互に関連を深めることが重要であり、特に農外企業から農業生産者への経営ノウハウの移転が重要なのだという。このように、氏のイノベーション論は、農商工連携のさらなる展開と、それによる農業経営者の能力育成に特徴があるといえる。この点では、財界の主張する企業的経営＝法人化推進論と共通する部分があるといえる。

(5)　小括——農業・農村におけるイノベーションの今日的課題——

　イノベーションという場合、一般に新技術の適用が注目される。農業・農村分野においても、たとえば有機農業のための無農薬技術開発や大規模稲作経営のためのGPA技術の適用など、注目すべきものは多い。しかし、今日の農業・農村政策では、上述のようにイノベーションの導入・促進の制度・システムが課題となっている。以下、具体的にみてみよう。

　第一は農業・農村分野ではイノベーションの担い手やシステムのあり方に関

する課題である。担い手については、個々の農業経営はもちろん、地域組織が経営の担い手になる場合もあるなど、多様である。特に女性起業では組織的な経営体が半数を占め、また集落コミュニティを母体とする水田の集落営農は近年急速に増大している。システムについてみると、「農商工連携」政策にみられる多様な連携の推進、あるいは第三セクターにみられる農山村の官民一体となった担い手づくりや協議会づくりが進められている。

　第二の課題は農業経営の利潤増大と農山村活性化が同時に追求される必要があるという点である。いうまでもなく、農業という産業は個々の農業経営であるとともに、農村地域を支える地域産業でもある。したがって農業のイノベーションは農村地域住民の農業生産増大や雇用確保という波及効果が求められることとなる。後に紹介するように農村地域のイノベーションの多くは、高齢化が進む中での地域活性化を目的とするものが多い。このように農業経営のイノベーションと農村地域のイノベーションの複眼的視点を必要とする。

　第三の課題は、農業生産にとどまらず、加工や販売といった多様な分野への挑戦の課題である。「農商工連携」や異業種交流を通して、農業・農村分野に多様な知識や技術が適用されることが求められている。また消費者の多様なニーズの把握や、農業分野からの情報発信など、社会との接点を大きく広げることも重要である。

　以下では、既存の文献と筆者の調査をもとに、農業・農村におけるイノベーションの実態を紹介し、課題の展望を試みたい。

2　農業・農村におけるイノベーションの事例

(1)　関満博・松永桂子編『「農」と「モノづくり」の中山間地域』から——
中山間地域における多様なイノベーションの展開——

　ここでは、関満博・松永桂子編『「農」と「モノづくり」の中山間地域』に紹介されている島根県高津川流域における農村ビジネスの展開を、①主体、②

目的、③イノベーションの展開（農業生産・加工・販売）、④規模、⑤支援・成果にそって整理したい。

　1）匹見わさび生産組合（旧匹見町）――生産者組織タイプその1――
　①担い手は高齢者中心に160戸が参加する「匹見わさび生産組合」で、②匹見わさびブランドの維持と高齢者農業振興が目的、③農業生産と「わさびカレッジ」の運営によるわさび生産の担い手育成支援、④年7000万円の売り上げ、⑤旧匹見町が「バイオわさび育苗センター」を建設し苗を供給、「わさびカレッジ」受講者の地域へのIターン定住が進んでおり、地元建設業のわさび生産への参入も進んでいる
　2）中村なめこ生産組合（旧匹見町）――生産者組織タイプその2――
　①農事組合法人・中村なめこ生産組合が中心で、地域にはその他に長尾原なめこ生産組合がある、②なめこ生産による地域活性化が目的、③「培養センター」の運営と、なめこ生産、さらに乾燥なめこ加工に取り組む、④年7000万円の売り上げ、⑤森林組合が「なめこ培養センター」を建設したことが契機、浜田市食品加工業者との取引が中心で、さらに女性グループの商品の販売を受託している
　3）柚子生産者組合・㈱みと、㈱エイト（旧美都町）
　　――生産者組織タイプその3――
　①「㈱みと」は農協と生産者組合の共同出資で設立された法人、「㈱エイト」は旧美都町・農協・商工会・個人の共同出資による第三セクター、②「㈱みと」は柚子加工による産地維持と高齢者農業所得対策を目的に設立、「㈱エイト」は温泉施設・道の駅・キャンプ場の管理主体として設立された、③「㈱みと」は柚子加工に、「㈱エイト」は施設管理等サービス事業に取り組む、④「㈱エイト」は年間1億8000万円の売り上げ、⑤旧美都町の地域活性化戦略の中核的担い手法人として位置付けられている
　4）有機農業を核にした地域的取り組み（旧柿木村）
　　――地域ぐるみタイプその1――

①取り組みの主体は複数あり、生産者と旧柿木村が参加する「柿木村有機農業研究会」、さらに、村・農協・森林組合・商工会・きのこ生産組合が出資する直売所「エポックかきのきむら」、村営の「菌床センター」によって取り組まれている、②消費者グループとの産直を契機に「有機農業研究会」が発足し、さらに、村のかつての特産品であった、しいたけを再生することで、地域農業振興を推進することを目的、③むらぐるみ有機農業生産活動、産直・直売の実施、④直売所は年間2億5000万円、しいたけは年間7000万円を実現、⑤有機生産者グループが増加（有機農業研究会・有機野菜組合・有機研究会・有機JASの会・アイガモ水稲会・産直協議会・学校給食生産者の会・旬菜倶楽部・ゆらら青空市の会・法連川の糧）するとともに、多くの女性加工グループが結成された（六日市加工所・柿木村農産加工組合・河山農産加工所・さわやかグループ・棚田工房）、また「NPOゆうきびと」による県内有機農産物の市を開催し、それを通して県内有機生産者との交流も進められている（地域にある中国新聞の制作・メディアセンターを利用して、県内配送の帰り便を利用した県内の有機農産物を集荷してもらい、産直市を開催している）。

　5）種地区振興センター（旧美都町）――地域ぐるみタイプその2――

　①大字種地区の「種のあすをゆめみる会」を母体にした「種地区振興センター」が主体、②住民参加のセンター活動で「種地区の集落・人口ビジョン」「UIターン定住促進」「廃校の活用」「地域資源活用と特産品づくり」「地域マップ作成」が取り組まれ、農業では集落営農づくりと女性加工グループ育成が進められた、③集落ビジョンによる総合的な地域活性化対策づくりと、その実施取り組まれている、④UIターンで3戸6人が新たに定住し、集落営農では農作業受託組織が結成された、また耕作放棄地の一部解消も実現、⑤合併後の益田市の地域対策である、大字単位の「地区振興センター設置政策」が地域づくりの契機となった

　6）商人榊生産組合（旧日原町）――地域ぐるみタイプその3――

　①商人集落20戸全戸加入の「商人榊生産組合」が主体、②過疎化・高齢化が進む中での高齢農家の所得対策が目的、③商人ブランドの榊を生産開始、④

1戸平均所得100万円を実現した、⑤集落独自に「ふるさと振興決起集会」を開催し「集会宣言」を採択し、商人ブランドづくりが開始された、榊という地域資源を活用するが、綿密な市場調査も実施している

　7）女性グループ「美都60」（旧美都町）――女性組織タイプその1――

　①山科集落では「農事組合法人・ゆいの里」が結成され、その女性部が農産加工グループ「美都60」として自立している、②目的は高齢女性の所得確保、③健康茶「山里茶」の加工・販売、④経済的な成果はまだ十分ではないが、当面は地区の最低賃金水準の実現を目標としている、⑤圃場整備事業の実施と集落営農体制により、女性が重労働から解放されたことが、大きな契機であった

　8）女性グループ・㈱萩の会（旧匹見町）――女性組織タイプその2――

　①萩集落の女性グループが㈱萩の会を結成、②女性の経済的自立と地域活性化が目的、③「男の料理教室」の開催、民宿経営、ブルーベリージャム加工、もてなしの宿「萩の舎」の経営、「匹見中学生たちとふるさと再発見」事業の実施、古代米生産など、多様な事業を展開している、④経済的成果は不明、⑤集落の女性全員の参加によって堅い結束を維持している

　9）松永牧場（益田市）――大規模畜産経営タイプ――

　①益田市の山間地域でわが国有数の大規模畜産経営を行っているのが農事組合法人・松永牧場である。②牛肉の輸入自由化による低価格輸入牛との競争に勝つための、低コスト化と高品質化・ブランド形成を目的とした。③和牛とF1中心に5800頭の肉牛を飼育するとともに、近年は共同出資で380頭の酪農経営にも進出している（メイプル牧場）。酪農経営でF1仔牛を生産し、それを肥育するという安定的な一貫経営を確立した。肉牛は大規模経営による安定供給というメリットを生かし、「まつなが牛」ブランドを確立している。⑤青汁の「キューサイ島根」からはケールの搾りかすを、県内の食品会社からはオカラを引き取り、独自の配合飼料を作っている。さらに堆肥は益田市を本社に広域展開するホームセンター「ジュンテンドー」に家庭用肥料として出荷し、地域循環型畜産を実践している。なお従業員の多くは20～30歳代の若者で、自立を目指す研修生も多い。

酪農経営では新技術「ロータリーパーラー」を導入し、搾乳の省力化と入室管理・個体管理の徹底を実現している。また今後はアンテナショップを立ち上げ、牛乳やアイスクリームの直売に進出したいとしている。

10) 山吹グリーンファーム（吉賀町）――多角家族経営タイプ――

①家族経営の「山吹グリーンファーム」、②山間地域での経営自立と農協に頼らない独自販売に取り組む、③稲作、酪農、養鶏、牛乳加工と配達、アイスクリーム製造、食堂、体験交流等による経営多角化、また「食堂やまぶき」では古代米うどん・古代米焼きおにぎり・古代米シフォンケーキ・アイスクリームを中心に販売しており、養鶏は1万1000羽で、抗生物質を使用しないことで有名な「秋川牧園」と提携、④販売額は不明、⑤経営として確立できる所得の実現

11) 益田青果（益田市）――市場主導タイプ――

①県認定の地方卸売市場「益田青果」による取り組み、②減少傾向にある集荷量の増加と地域農業振興を目的、③益田青果が中心になっても益田青果への出荷生産者組合・買受人組合・農協が協力して「地産地消ネット西いわみ」を結成し、地産地消「西いわみ地産地消フェア」を開催するともに、地域特産物を広く紹介している、また『青果だより』を出版、さらに病院での「地産地消の日」活動にも取り組む、④取扱高は年間18億円、市場外出荷の増加で減少傾向にあるのが課題、⑤益田青果にはJAからの出荷と出荷生産者組合に加入する150人からの出荷があるが、直売所等の市場外出荷の増加で集荷量は減少しており、地産地消を介して広く連携を模索している

12) キヌヤ（益田市）――スーパー主導タイプ――

①県内に18店舗をもつ中堅スーパーのキヌヤによる取り組み、②高齢化地域におけるスーパーの社会的役割を自覚しており、若手社員からなる「十人委員会」により社是は「商業を通じて地域社会に貢献しよう」が提案され策定している、③年間売上は127億円、④高齢者への宅配サービス、公共交通機関のない地域には週2回の送迎サービスを実施している、また地産地消を推進するために、ローカルブランド商品の発掘、育成、開発に協力している、⑤仕入担当

による県内ローカルブランド商品の発掘、出荷者による「LB（ローカルブランド）クラブ」づくりに取り組む

(2) ㈱小川の庄——農産加工による新たな地域経済循環の形成——

　農業の6次産業化によって新たな地域経済循環を形成し、地域住民の所得形成におおきく貢献しているのが、長野県の山間地域の小川村にある、㈱小川の庄である。㈱小川の庄は1986年に7人の村出身者によって設立された。農産加工による高付加価値商品生産の構想は戦後の青年団活動の中から生まれたものであったが、その後の高度成長と兼業化、青年たちの都会への流出によって、長く実現されることがなかった。しかし地域に雇用の場を作り、定住できる加工会社を設立したいという7人の強い意志が、会社の設立を実現させた。

　商品は「おやき」が中心で「縄文おやき」と命名されている。おやきの餡（野沢菜いため、ナス味噌、煮リンゴ、おから等）には勤務する高齢女性たちのアイデアを活かし、多様な種類の「おやき」が生産されている。この他にも山菜のつくだ煮等の瓶詰商品も開発されており、経営する食堂「おやき村」では蕎麦等も出されている。地域の農業資源が惜しみなく使われている。

　加工施設は食堂のある「おやき村」を中心に村内5箇所に高齢者や女性が勤務しやすいように、分散配置されている。また隣接する長野市善光寺仲店と市街地、駅舎内等に販売店を展開している。近年は若い女性の就職も増え、ネット販売にも力を入れており、販売額を伸ばしている。

　年間販売額は8億円を超え、村内最大の企業に成長している。また雇用も88人にまで増えており、その多くが正社員で、給与は役場・農協と遜色ない水準にあるという優良企業である。まさに地域住民の雇用の場である。

　原材料は村内調達を基本にしており、村内の農家の半数が出荷している。高齢化が進む山間地域にあって、高齢者農業を支える基盤にもなっている[11]。

(3) ㈱六星——大規模多角経営展開で若者の雇用を実現——

　石川県白山市の平地水田地帯で大規模多角経営を展開しているのが㈱六星で

ある。借地中心の経営耕地面積は130ヘクタールを超え、地域では最大級の経営規模を誇る。資本金は2430万円で創業者4人が2000万円を、二代目に当たる現取締役3人が300万円、従業員が130万円を持つ。現代表取締役は40代半ばと若く、前代表の娘婿である。就農前は東京の建材会社で営業を担当した経験を持つ。就農に当たっては地域からの信頼を得るために、地域との繋がりを重視したいという。

　従業員は正社員27人。20～30歳代中心で、多くが非農家出身の新規参入者である。給与は「将来も地域に家を建て住み続けることができる」を念頭に、地域の一般企業並みとしている。

　生産物はコメを中心に、餅加工、野菜、和菓子、漬物、米飯で6億円を売り上げている。特に加工部門と直売部門に力を入れ、加工施設と直売店舗が一体となった施設を建設し、集客力を発揮している[12]。

3　農業・農村のイノベーションの特質と展望

　以上の事例を通して、農業・農村のイノベーションの特質を整理し、課題を展望したい。

(1) 多様な種類のイノベーション

　第一の特質としてイノベーションの多様性が指摘できる。それは農業・農村資源の多様性や地域の多様性にもとづくものである。事例におけるイノベーションの核となる商品をみても、わさび、きのこ、柚子、茶、多品目の有機農産物というように、とにかく多様である。また、直売、加工、場合によっては地域の施設管理にまで、そのビジネスの範囲も広い。つまり農村のあらゆる資源を所得増大の「種」として活用するエネルギーに満ちたイノベーションが蓄積されている。

(2) 多様な規模のイノベーション

　第2はイノベーションの大きさ、ビジネス規模についてである。事例にみるように、最低賃金水準に満たない小さなビジネスから、億をこえる大きなビジネスまで、実に多様な規模のビジネスが存在する。それは、時間の経過とともにさらに発展するものもあれば、無理せずに一定程度の販売規模を維持しようというビジネスもあるだろう。イノベーションの主体の考え方、目標によって、多様であって良いといえる。いずれにせよ「経済効果をもたらす革新」の実現なのである。

(3) 多様な担い手によるイノベーション

　第3は担い手の多様性である。紹介した事例だけでも、大規模畜産経営等の個々の農業経営もあれば、女性起業グループもある。さらに第3セクターもあれば青果会社や地元スーパーが主導するものもある。さらに多くの地域住民を雇用する内発型食品加工企業もあれば、若い新規参入者を受け入れ多角的なビジネス展開する株式会社の農業協同経営もある。要するに意欲ある人たちが、多様な形でビジネス展開できるのも、農業・農村イノベーションの特徴なのである。

(4) 農山村地域活性化を目指すイノベーション

　第4はいずれのイノベーションも農山村地域の活性化と結び付いている点である。特に中山間地域の場合、過疎化と高齢化が進む地域の活性化が直接的な目的とされる場合がほとんどである。その意味で、地域の危機を克服するためのイノベーションということができる。それが、地域の多様な資源を利用する、今までにないイノベーションを可能にした背景なのであろう。関連企業である青果会社や地元スーパーにとっても、生き残るには地域との連携を深めざるを得ないし、それを社会的責任として自覚し実践している点に、農業・農村イノベーションの大きな魅力を感じさせるのである。

(5) 課題の展望――地域社会と政策をリードするイノベーション――

いうまでもなく、わが国農業を取り巻く状況は厳しい。しかし安全な農産物の安定供給や食料自給率の向上、さらに顔の見える多様な農産加工食品の提供など、消費者の地域農業への期待は大きい。また農業の担い手の減少と高齢化は否定できない現実ではあるが、人的資源を含めて、多様な地域資源を活用したイノベーション＝ビジネス展開にチャレンジすれば、多くの可能性があることも確かである。その意味で、イノベーションは実践の理論である。

農水省をはじめ、いくつかの省庁では「６次産業化」「農商工連携」といった農業・農村のイノベーションの支援を強化しているが、必要なのは地域からその支援のあり方を積極的に提案していくことである。農山村のイノベーションの実践を通して、政策をリードしていくことが求められているのである。

注
1) 一橋大学イノベーション研究センター編『イノベーション・マネジメント入門』日本経済新聞出版社、2001年、3～4頁。
2) 同上、3頁。
3) 同上、9頁。
4) 同上、10-16頁。
5) 斎藤修著『農商工連携の戦略』農文協、2011年、16頁。
6) 同上、18頁。
7) 同上、16頁。
8) 同上、31頁。
9) 同上、31～32頁。
10) 同上、41頁。
11) 拙稿「農村コミュニティビジネスの実態と展望」『地域政策研究』第2巻第1号、2009年。
12) 拙稿「農業構造の変動と農業構造政策の現段階」全国農地保有合理化協会『土地と農業』No.40、2010年。

参考文献

一橋大学イノベーション研究センター編『イノベーション・マネジメント入門』日本経済新聞出版社、2001 年

斎藤修著『農商工連携の戦略』農文協、2011 年

関満博・松永桂子編『「農」と「モノづくり」の中山間地域』新評論、2010 年

農林水産省「食料・農業・農村基本計画」2010 年改訂版

経済同友会「農業の将来を切り拓く構造改革の加速・イノベーションによる産業化への道」2004 年

第3章 地域づくり活動を通した地域金融機関におけるイノベーション
―― 信用金庫におけるイノベーション事例 ――

阿部　圭司

要　旨

　本稿では、地域密着型金融の取組みにおける地域の面的再生に関わる事例として、米子信用金庫による中心市街地活性化に関する取組みを紹介し、地域金融機関におけるイノベーションについて考察する。同金庫は、米子市が掲げる中心市街地活性化基本計画において地域経済の振興を担う立場から、中心市街地での創業支援事業や、高齢者専用賃貸住宅事業などを実施し成果をあげている。本稿では、こうした取組みの中で、同金庫における地域振興に対する組織づくり、大型の融資案件に対する新しい金融スキームの導入などに地域金融機関におけるイノベーションが生じていると評価し、他の地域金融機関への展開におけるポイントについて考察した。

【キーワード】

地域密着型金融　中心市街地活性化　創業支援　金融スキーム

1　はじめに

　平成19年8月改正の中小・地域金融機関向けの総合的な監督指針（金融庁）では、地域密着型金融の推進が、通常の監督行政の中に恒久的な枠組みとして位置づけられることとなった。地域密着型金融の取組みに対してはいくつかの

課題、改善の方向性が示されたが、その中に地域の面的再生への積極的な参画も掲げられている。

本稿では、地域密着型金融に関する取組みの中から、協同組織金融機関が面的再生に関わる事例として、米子信用金庫における中心市街地活性化に関する取組みを紹介する。信用金庫を対象としたのは、協同組織金融機関の普通出資が基本的に会員、組合員からなることと、営業エリアが普通銀行と比べて制約を受けていることから、地域への密着度が普通銀行よりも強く、地域活性化に対して強い動機を有していると考えられるためである。本稿の構成は以下のとおりである。次節では活動に至った経緯、事業の概要、事業により得られた成果、効果等について聞き取り調査を行った結果を紹介する。さいごに、他地域での展開の可能性を検討し、まとめとする。

2 事例──米子信用金庫における取組み──

(1) 信用金庫の概要及び中心市街地活性化における経緯・背景

米子信用金庫は鳥取県西部の米子市に本店を置き、1922年設立、米子市自体が島根県に隣接していることから鳥取県西部から島根県東部を事業区域とし、鳥取県内に13店舗、島根県内に4店舗を展開している。2012年3月末の預金残高は181,017百万円、貸出金残高は107,888百万円であり、鳥取、島根に本店を置く6信用金庫の中では最大規模、鳥取県内では銀行も含めた貸出シェア3位の金融機関である。

米子市は人口およそ15万人、山陰のほぼ中央に位置し、交通の要衝で江戸期から商業都市として発展、山陰の大阪と呼ばれるほどの商都であった。近代に入ってからも、山陰本線、伯備線、境線が乗り入れ、米子空港の開設、高速道路の開通など交通機関の結節点となったことから、鳥取県西部地域の行政、経済、文化、教育などの中心都市として発展、鳥取県西部から島根県東部に至る中海・宍道湖経済圏の一角を形成している。

発展の一方、モータリゼーションの発展などによる人口増加に伴う郊外への宅地開発、公共施設の郊外移転、大型商業施設の郊外立地が相次ぎ、米子市の中心市街地はその地位を相対的に低下させてきている。

「米子市中心市街地活性化基本計画」(以下、基本計画) によれば、米子市全体の人口は平成5年から平成19年にかけて、142,438人から149,730人と横ばい傾向にある[1]。その一方、米子市の中心市街地の人口は同時期14,038人から12,059人と減少傾向にある。また、高齢者数は横ばいでありながら、若年層の郊外への移転に伴い高齢化率が上昇、中心市街地では高齢者世代が多く住んでいるという構図が指摘されている[2]。

このような人口動態の変化は、事業所数や中心市街地の商店街における通行量にも影響を与えている。基本計画によれば、事業所数における中心市街地の市全体に対するシェアは、平成13年から平成18年にかけて30.8％から28.5％へ減少、商店街における通行量も3分の1にまで落ち込んでいた。また、平成19年の調査によれば、中心市街地の商店街における空き店舗率は平均30.0％、中には50％を超える商店街もあった。空き店舗のうち、賃貸可能な店舗が少なく、営業していても後継者がいる店舗数は少ないなど、商業集積において問題を抱えており、中心市街地における商店街の集客力は急速に衰えている状況であった。

こうした状況を受け、米子市では中心市街地の課題として、(1)にぎわいの減退、(2)まちの顔の喪失、(3)居住人口の減少の3点を挙げ、平成18年のまちづくり三法改正で基本方針となった「コンパクトシティ構想」に沿う形で新たな基本計画を作成した。基本計画は平成20年11月に国から認定を受け、実際に活動が始まった。60を超える事業のうち、半数近くは民間との連携を中心に据えたものになっている。図3-1は基本計画における主な事業について示したものである。米子信用金庫はこの基本計画の中で、中心市街地において地域経済の振興を担う立場として、ビジネスチャンスの育成、イノベーション創出のための協業など、様々な事業に参画することになった。

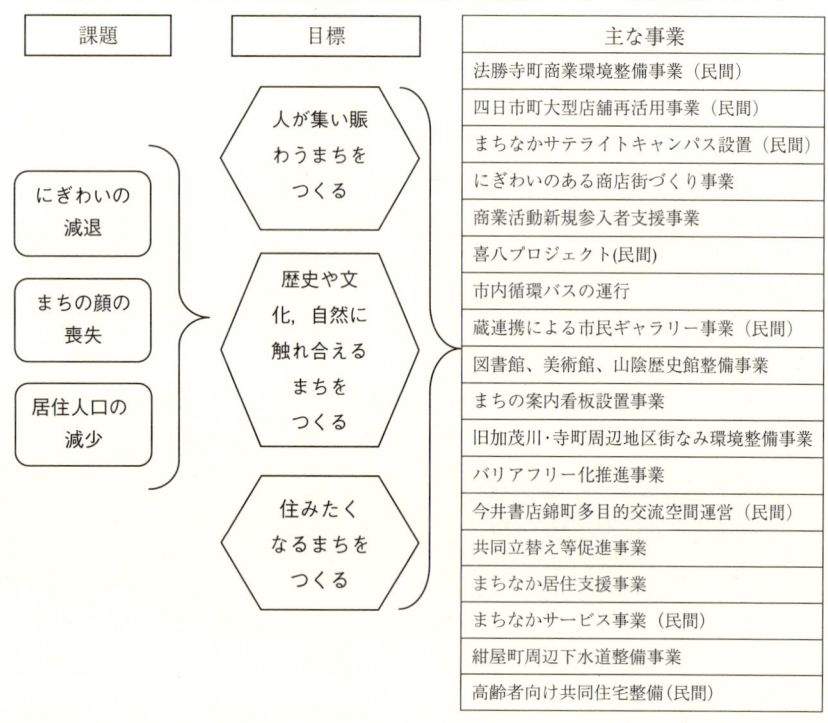

図表3-1 米子市中心市街地活性化基本計画の課題・目標・主な事業について

課題	目標	主な事業
にぎわいの減退 まちの顔の喪失 居住人口の減少	人が集い賑わうまちをつくる	法勝寺町商業環境整備事業（民間） 四日市町大型店舗再活用事業（民間） まちなかサテライトキャンパス設置（民間） にぎわいのある商店街づくり事業 商業活動新規参入者支援事業 喜八プロジェクト(民間)
	歴史や文化，自然に触れ合えるまちをつくる	市内循環バスの運行 蔵連携による市民ギャラリー事業（民間） 図書館、美術館、山陰歴史館整備事業 まちの案内看板設置事業 旧加茂川・寺町周辺地区街なみ環境整備事業 バリアフリー化推進事業
	住みたくなるまちをつくる	今井書店錦町多目的交流空間運営（民間） 共同立替え等促進事業 まちなか居住支援事業 まちなかサービス事業（民間） 紺屋町周辺下水道整備事業 高齢者向け共同住宅整備(民間)

※「米子市中心市街地活性化基本計画」より作成。

(2) 中心市街地活性化に向けての組織・体制

　基本計画と並行して行われた米子信用金庫の地域活性化への取組みとして、大きく、外部との連携協定、同金庫における取組みの2つに分類し、見てゆくことにしよう。

　外部との連携協定については、平成19年4月、米子市とまちづくりに関する連携協定を結ぶと、同年6月、産官学金連携として、「まちづくり連絡会」を発足し、地域の情報集積を活用した持続可能な地域経済への働きかけを開始した。図表3-2はまちづくり連絡会への参加団体の一覧となっている。

図表3-2 まちづくり連絡会参加団体

行政	鳥取県、米子市、境港市
商工団体	米子商工会議所、境港商工会議所、鳥取県商工会連合会
教育機関	米子高専、米子松陰高校、米子南高校
金融機関	米子信用金庫

信金内部での取組みとしては、本部機構改革によりグループ制を導入、営業推進部門の下に地域振興グループを設置し、地域社会への貢献活動を機能的に実施できる体制を整備[3]したほか、米子市、境港市それぞれの商店街にある支店に専門相談窓口を平成19年5月に開設し、商店街での創業や新事業展開支援を開始している。平成18年3月には地域活性化ファンド「チャレンジ21」[4]を創設した。このファンドでは地域活性化につながる計画を持つ中小企業に加え、NPO法人も対象としてベンチャー、地域振興事業を支援することが特徴となっている。

(3) 中心市街地活性化事業の成果

同金庫における地域活性化への取組みのうち、まちづくり連絡会を通じた外部との連携では、金融教育プログラムの実施、米子市内に位置し、山陰最大級でもある皆生温泉の活性化プロジェクト、中心市街地での総合文化イベント、トライアスロン大会の企画・運営面でのサポート活動が成果として得られている。しかし、本節では地域密着型の金融機関における中心市街地活性化事業の成果として、同時に、金融機関がイノベーションを獲得する機会であったと評価できる事業として、まちなかでの創業支援と居住支援の2つを紹介する。

1) 中心市街地での創業支援による商店街の活性化

平成19年に米子市、境港市の支店に開設した専門相談窓口では、米子市の支店では若者をターゲットとした高感度のショップを、境港市の支店では、観光客をターゲットとしたショップの創業、新事業展開を想定し、画一的でない、

図表3-3 中心市街地での創業支援による商店街活性化の取組み実績

年度／事業	2007	2008	2009	2010	2011
創業・新事業支援融資実績	183(21)	672(52)	474(36)	509(40)	348(9)
商店街創業相談窓口での成約状況	122(16)	111(13)	248(18)	185(20)	125(17)

※単位：百万円。カッコ内は件数。
※米子信用金庫ディスクロージャー誌各年度版より作成。

地域にあった事業展開を意図していた。支援の内容は資金面だけではなく、事業計画の作成指導、公的支援の紹介、ビジネスマッチング（テナントリーシング情報や取引業者の紹介）、さらには空き店舗情報の提供を含んでいた。地域での情報を共有するため、「まちづくり連絡会」をはじめ、各方面との連携を深めつつ支援を続けた結果、具体的な出店に結びついている。2011年度までの取組み実績については表3-2にまとめた通りである。貸出残高と比較すると数パーセントの実績であるが、中心市街地での創業支援という限られた範囲での活動としてみると、この融資実績と件数は評価に値するだろう。基本計画で活性化の拠点の一つとされた四日市町地区では、2005年頃より30代、40代の若手経営者が古い店舗をリノベーションし、飲食店や雑貨などのショップを開業するケースが見られるようになっていた。基本計画が同地域に注目したのも、こうした民間の活力の存在があったためであろう。基本計画の実施に先行して、同金庫が創業を支援した起業家たちが中心となり、同地区の若手経営者を組織化し、まちを紹介するマップを作製・配布、これに合わせて商店街エリアの共同清掃が行われたが、これに同金庫が協力してきたという下地があったことも、毎年20件を超えるような実績を残した要因の一つとして指摘することができる。

基本計画に取り上げられた事業のうち、同金庫が情報提供、コンサルティングを経て創業までを支援した具体的な事例としては、先に示した四日市町地区における四日市町大型店舗再活用事業として、同地区にあった大手書店の空き店舗を多目的スペースを含む商業施設へとリノベーションした「スカイ米子」、

第 3 章 地域づくり活動を通した地域金融機関におけるイノベーション　57

写真 1　銀行の旧支店を改装した「DARAZ CREATE BOX」（筆者撮影）

法勝寺町商業環境整備事業において、築約 120 年の蔵を店舗施設に改修した「善五郎蔵」、同じく法勝寺町地区内における地域情報拠点施設運営事業として、銀行の旧支店建物をサテライトスタジオ、レストラン、ギャラリーなどの複合文化商業スペースへとリノベーションした「DARAZ CREATE BOX」のオープン事例が挙げられる（すべて平成 22 年 3 月）。スカイ米子と DARAZ CREATE BOX は若手経営者、あるいは後述する NPO 法人による創業であるのに対し、善五郎蔵は商店街に従来から店舗を構える経営者による新事業への展開であり、様々な立ち位置の人々の参画となっていることが特徴である。DARAZ CREATE BOX は NPO 法人喜八プロジェクト[5]により運営されており、テナントとして入る米子地域初となるコミュニティ FM 局、「DARAZ FM」の運営も同 NPO 法人により行われ[6]、ビジネスだけではなく、地域からの文化・情報発信活動にも貢献している。開業には公的資金に加えて同金庫の地域活性化ファンド「チャレンジ 21」も活用されている。

写真2　高齢者専用賃貸住宅「こうやまち壱号館」（筆者撮影）

2）適合高齢者専用賃貸住宅事業を活用した中心市街地活性化への参画

　モータリゼーションの影響でドーナツ化が進む中心市街地に、賑わいを取り戻す施策として、先に述べた魅力ある商店街への再生を示したが、もう一つの施策として、まちなか居住の推進が挙げられる。遊休地の高度利用や共同住宅の建設によるまちなかでの居住環境の提供は、商店街の活性化との相乗効果が期待できる。

　基本計画では様々な居住支援事業が実施されているが、同金庫が関わった大きなプロジェクトに、高齢者専用賃貸住宅の事業がある。これは、基本計画におけるまちなか居住支援事業に相当し、中心市街地に6階建、延床面積3,232㎡、全74室、24時間スタッフが常駐し、自立〜要介護5の方までが入居可能ないわゆるシニアマンションを建設するというものである。同金庫は総事業費7.8億円のうち、6億円を地元の地方銀行と連携してシンジケートローンを組成し、資金提供を行っている。運営主体となる業者が参入しやすくするため、この貸出は保証会社による家賃保証制度を利用したノンリコースロー

ン[7]で組まれている点に特徴がある。このシニアマンションは平成23年4月に竣工、年内のうちに目標となる入居者数を超え、順調な滑り出しを見せているという。また、本事業の成功を受け、同じく中心市街地にて2号館、3号館の計画が進行中であるという[8]。

3 おわりに——事例からの示唆——

町おこし、村おこし、あるいは中心市街地活性化に関する事例を見渡すと、成功の要因として様々な形で属人的な部分が重要性を帯びていることが強調されることが多い。本稿で取り上げた米子市並びに米子信用金庫においても、これだけのスピード感を持って市街地活性化事業が行われた要因として属人的な部分が存在したことは否定できない。しかし、ここでの手法・成果を他の地域に展開する際に、それ以外の部分で参考となる点もいくつか見いだせるのではないだろうか。本節では事例からの示唆を考察することで、まとめとする。

(1) 地元自治体等、外部との協力体制

地方金融機関においては地域密着型金融の展開が求められていることから、本稿で紹介したような創業支援・新事業展開への融資枠を設定している金融機関も多い。しかしながら、金融機関単独での事業展開で一定の成果を収めることは負担が多く、難しいであろう。一方、自治体の主導で行われる事業では、補助金を獲得したのは良いが、数年間の活動の後解散してしまう恐れが多い。中心市街地や地域活性化は数年にも及ぶ活動の後に評価されるべきものであり、継続可能な事業が求められる。補助金を創業のための助走として用いることで創業に対するハードルを下げ、さらに金融機関が関わることで、事業の継続性に一定の担保を与えることができる。ここで注意したいのは、自治体からの要請で金融機関が動くのではなく、両輪の片側を担うという自覚である。

(2) 専門の部署を組織内に設置し、専従のスタッフを用意したこと

　地域振興というものを単にボランティア活動に終わらせず、金融機関としての業務を含めた組織作りで臨むことができているか、ということである。単なるボランティアへの参加のような社会貢献活動は、下地にはなり得ても経済活動を伴った地域活性化にはつながりにくい。米子信用金庫での事例では、本部組織として営業推進の下に地域振興グループを設置し、地域振興が営業に結びつく事業であると位置づけている。また、本店ではなく、資金需要が最も高いと想定された特定の支店に窓口を開設することで、起業家への利便性を提供したと同時に、資源と情報の集中を図ったことが評価できる。

　さらに、このような取組みは、金融機関自体、あるいは経営トップが地域振興に対してどのような考えを有しているのかを組織内外に伝達する、というシグナリング効果が期待できることも理解しておくべきであろう。

(3) 顧客企業への新たなサービス提供に挑戦していること

　わが国では、グローバル化の進展を受け、アジア各国への工場移転が進んだ結果、地域経済ではそれまで地域を支えてきた産業の空洞化が懸念されている。さらに、長い景気の低迷から、開業率はこの20年余りの間、廃業率を下回る水準を推移している[9]。少子高齢化の進展に伴う後継者問題もこの傾向に影響している可能性もあるだろう。このような環境を受け、地域金融機関にとって顧客企業に対するコンサルティング能力の強化は必須であろう。信用金庫の顧客には小規模な事業者が多く、ニーズや意欲はあるにも関わらず創業時に資金調達、リスクの両面で進出をためらう場合が多いと考えられる。今回の事例におけるノンリコースローンの導入のような新しい金融スキームの導入により、参入しやすい環境を金融機関が整え、開業率を上げる施策は有効であろう。また、M&Aによる事業承継など、出口戦略のアレンジによりフィーを得るようなサービスにも積極的にチャレンジし、顧客企業に対し、様々な金融サービスを提案する能力を有することが求められるだろう[10]。

謝辞

本文をまとめるに当たり㈱BEANS遠藤様、米子信用金庫夏野様、他の多くの方々よりご協力頂くことができました。ここに記して感謝いたします。

注

1) 平成17年3月に旧淀江町との合併を経た結果であるが、それ以前においても人口は微増傾向にあった。
2) 平成19年の中心市街地における高齢化率は30.6%、市全体では22.0%。
3) 米子信用金庫ディスクロージャー誌2007年度版より。
4) 設定金額は3億円、設定期間は10年間で、1回当たりの投資限度額は500万円、投資期間は5年間。疑似私募債の形式をとることで、元金の返済は満期時点に一括して行われる点が特徴である。
5) 米子出身の映画監督岡本喜八［1924-2005］の精神を引き継ぎ、活気のある米子市を復興しようという目的で設立された。「だらず」とは真っ先に飛びついて、突拍子もないことをしてしまうが、どこか憎めない人・こと・もの、の意。
6) 事実上の運営。実際の業務は㈱DARAZコミュニティ放送が行っている。
7) 返済原資となる借り手財産の範囲に制限を加えた貸付。非遡及型融資と訳される。対象となる財産からのキャッシュフローが返済の原資であり、ローン返済ができなくなった場合、対象（担保）である資産以上の返済義務はない。そのため、多くの場合この投資のための特別目的会社（SPC）を作り、金融機関はSPCに融資するという形式を採用している。借り手は当該資産の経営と本体の経営を分離でき、リスクを低減できる一方、支払金利は上昇する。また、金融機関にとっては当該資産のみで融資先の評価をすることになるので、審査能力が融資の出来不出来を左右するといわれている。米国では不動産への融資において一般的だが、わが国ではまだ一般的ではなく、一部の事例を見るのみである。
8) 平成23年10月の高齢者住まい法の改正により、適合高齢者専用賃貸住宅制度は廃止され、サービス付き高齢者向け住宅制度が創設されている。
9) 中小企業白書2011年版より。
10) 米子信用金庫2011年度ミニディスクロージャー誌では、従来からの顧客であった地元工務店のM&Aによる事業承継事案を同金庫がアレンジャーとして取り組んだ事例が報告されている。

参考文献

信金中金地域・中小企業研究所『全国信用金庫概況（2010年度）』信金中央金庫、2011年。

米子市『米子市中心市街地活性化基本計画』(2012年3月改訂版)、2010年。

第4章　高崎食品リサイクルループ事業の展開と可能性

大宮　登

要　旨

　高崎食品リサイクルループ協議会は、学校給食、デパート、食品工場、スーパーなどから排出される食物残渣を集め、飼料化し、豚や鳥等に餌として与え、そこで育った肉や卵を市場に提供してリサイクルループを完成する活動を推進している。利害が異なる地域の各種団体が食品ロスをなくそうと協力し、これまで廃棄していた新鮮で安全な食品残渣を有効に活用し、持続可能な循環型社会を構築することを目指すイノベーティブな活動である。地域の資源を無駄なく活用する地産地消の仕組みと、地域ブランドづくりを推進する、全国的にも稀な活動を紹介し、ホスピタリティの視点からの分析も加えて、その意義と可能性を述べる[1]。

【キーワード】

食品リサイクルループ　飼料　ホスピタリティ・デザイン　a food recycling loop feed hospitality design

1　はじめに

　高崎食品リサイクルループ協議会は、高崎市を中心とする利根川流域のエリアにおいて、学校給食、デパート、食品工場、スーパーなどから排出される食

物残渣の有効活用を求めて活動を行っている。本協議会の活動の始まりは、2008年から採択された内閣府「地方の元気再生事業」である。高崎経済大学を中心に「大学が核となる高崎元気推進プロジェクト」[2]として様々な地域活性化のための研究教育活動が企画されたが、本事業はそのうちの一つとして2009年に、趣旨に賛同する各種団体（食品メーカー、リサイクルプラント工場、産廃収集業、配合飼料メーカー、大手デパート、スーパーマーケット、ホテル、畜産業、養鶏業、環境コンサルタント、地元大学、メディア）が集まり活動を開始した。

その後、2010年1月に正式に設立され、さらに学校給食の残渣も扱うなど活動の充実に伴って、2012年5月には一般社団法人となり現在に至っている。まさに、国の財政支援がきっかけとなり、終了後に継続している典型的な事業ともいえる。

この活動の基本理念は、高崎市周辺に存在する企業、行政、大学、市民団体など、地域の各種団体が協力することにより、地域の資源を有効に活用し、持続可能な循環型社会を構築することにある。そのために、高崎市を中心に新たな食品リサイクルループを展開し、地域の資源を無駄なく活用する地産地消の仕組みと、地域ブランドづくりを推進する。

具体的には、高崎高島屋（デパート）、フレッセイ（スーパー）、学校給食などから出てくる新鮮な野菜くずや食物残渣を迅速に集め、IRM（プラント工場）で乾燥飼料にし、それを群馬ピッグや三喜鶏園（畜産業者）などで豚や鳥の餌や、茸の菌床に使い、そこで育った肉や茸などを私たちが消費する。また、飼料化できない食物残渣は肥料にして活用するという食品リサイクルループを作り上げたのである。

本章では、全国的にも珍しいこの取り組みを紹介するとともに、その特徴をホスピタリティの視点から分析を加え、イノベーティブな地域活動の取り組み実践として今後の可能性を探ってみる。

2 高崎食品リサイクルループ事業の背景と目的

(1) 高崎食品リサイクルループ事業の背景

　この活動を行う背景は日本の食糧事情にある。日本の食料自給率は 2010 年度にカロリーベースで 40％を切ってしまった。2010 年、2011 年と 2 年連続で 39％となっており、先進国の中で最も食料を輸入に依存している状態となっている。世界の先進国の食糧自給率は、オーストラリアの 237％は例外としても、カナダ 145％、アメリカ 128％、フランス 122％、ドイツ 84％などとなっており、日本の 39％は如何にも低レベルである。

　また、我が国では、2009 年において、食品関連事業者の食品廃棄物等排出量は年間 2,028 万トン、一般家庭の家庭系廃棄物は 1,032 万トンとなっている。このうち、本来食べられるにもかかわらず廃棄されている量は 500 万トン〜800 万トンと推計されている。いわゆる食品ロスであり、まさに「もったいない」限りである。2009 年の国内の米生産量が 850 万トンであることを考えると、日本全国で生産されているお米の全生産量に近い食品が食べられるにもかかわらず捨てられているのである。日本人は、輸送のための多くの燃料を使い世界中から食料を買いあさり、しかも、食べ残しや調理過程での廃棄物として多くの食品を捨てている。食料の多くを輸入に依存している我が国にとって、食品ロスの削減は、最重要課題であるといえるのではないだろうか。

　さらには、日本の飼料自給率の低さの問題がある。農林水産省によると日本の飼料自給率は、2010 年 25％、2011 年 26％という現状である。7 割以上を海外からの輸入に頼っており、しかもこの輸入飼料が高騰している。日本農業は、原油高と飼料高騰により経営が圧迫され、農業従事者の高齢化や農村地域の過疎化とともに、日本の食糧事情は危機的な状況になっている。遠くから輸入される配合飼料価格の高騰は、畜産業者を悩まし続けている。例えば、2006 年 7 月には 1 トン当たり 43,250 円だった配合飼料の値段が、2008 年 11 月には

67,627円に跳ね上がっている。

　こうした状況を踏まえ、農林水産省は食品関連事業者への指導監督の強化と再生利用の円滑化を図る観点から、平成19年に食品リサイクル法の改正を行い、平成24度までに達成すべき業種別の再生利用等の実施率目標を導入した。つまり、平成24年度までに、リサイクル率の目標を、食品製造業（85％）、食品小売業（45％）、食品卸売業（70％）、外食産業（40％）と掲げ、努力しているのである[3]。

(2) 高崎食品リサイクルループ事業の目的

　高崎食品リサイクルループ協議会は、このような課題を解決するために、地域内の資源を有効活用し、地産池消を推進するために活動を開始したのである。高崎市は、市町村合併により37万人を超える都市となったが、農業・畜産業の生産地と消費地が比較的近い距離にあり、鮮度がポイントになる食品リサイクルの条件が整っている。7割以上を海外から輸入している飼料を、地域で排出される新鮮野菜くずなどを活用して安心で安い飼料を提供することにより、「もったいない」を合言葉に地域で誇れる農産物・畜産物のブランドづくりを進め、地域内の連携による循環型社会の構築が一歩前進する。

　そのため、高崎で事業を展開する企業、行政、教育機関が連携し、写真1のように毎日排出されている食物残渣を回収し、有効な資源として活用するシステムを構築する。百貨店、スーパーマーケット、学校などで排出されているキャベツや大根などの新鮮な野菜くずを回収し、同じように回収される、おからと配合し、プラント工場で乾燥した飼料にし、豚や鳥や農産物の餌とする。その餌で育った豚などを肉やハムなどの加工品として流通させて、ループが完成する。また、飼料化できない野菜くずは、肥料として活用する。全く立場の異なる地域の団体が協力し、「もったいない」を合言葉に、地域の資源を有効に活用し、地産地消のシステムを構築しようとする意欲的な活動なのである。

写真1　スーパーなどで廃棄される新鮮野菜
植物循環資源（野菜くず等）≠生ゴミ

出所：高崎食品リサイクルループ協議会事務局長広瀬雅美が撮影。

(3) 高崎食品リサイクルループ協議会の組織機構

　前述したように、本協議会は先進地の調査や組織づくりを行い、2010年1月に正式に組織された。2011年4月からはプラント工場のIRM株式会社が稼働してリサイクル事業が本格的に始まった。その後、順調に実績を伸ばして、2012年4月から高崎市教育委員会と提携し、学校給食の一部を本協議会で引き受けることとなった。そのため、本協議会は2012年4月に任意団体から一般社団法人に組織を変更して、6月に一般社団法人としての第1回目の理事会と総会を開き、事業の拡大に対応するとともに公益的な活動を受け入れることができる組織体制を構築した。

　2012年8月現在、IRM㈱、㈱環境評価機構、㈱群成舎、㈱フレッセイ、㈱高崎高島屋、ロイヤルデリカ㈱、高崎弁当㈱、中部飼料㈱北関東営業所、高崎経済大学大宮研究室、群馬県立女子大群馬学センター、高崎健康福祉大健康栄養学科、高崎ビューホテル、エバーグリーン㈱、㈱ヒロセプランニング、上毛

新聞社高崎支社、㈱群馬ピッグ、㈱三喜鶏園、都食品㈱、㈱安中サービス雀のお宿磯部館、やまこきのこ園、㈱しみず農園、若者社会活動支援 NPO 法人 DNA、財団法人農政調査委員会、かえるファームの 24 団体が加入している。

協議会は 3 つの部会で動いている。①ブランド部会（流通・生産者）、②エコフィード部会（飼料製造・生産者）、③リサイクル部会（飼料製造・排出事業者）の 3 部会であり、それぞれの活動目的に合わせて事業展開している。また、課題への対応策の話し合い、進捗状況の確認や情報の共有化などを目的に、定例の役員会を月に 1 回開催している。

3　高崎食品リサイクルループ事業の活動実態

(1) イノベーティブな活動の推進

高崎食品リサイクルループ事業の活動実態を説明する。社会実験として取り組まれている事業の方向性は以下の 3 つである。環境対応と飼料・肥料の獲得をめざす「リサイクルループ推進事業」、そこで生産されたものをブランド化し持続可能な仕組みを構築する「ブランド推進事業」、そして、この活動を通じて次世代の食育に役立てる「食育推進事業」である。それぞれについて見てみよう。

①リサイクルループ推進事業

リサイクルループ推進事業は、食品メーカー、リサイクルプラント工場、産廃収集業、配合飼料メーカー、大手デパート、スーパーマーケット、ホテル、畜産業、養鶏業、農業従事者等が協力し、地域の食品残渣を回収、運搬、飼料化・肥料化、飼育、加工、販売、調理などのリサイクルループを完成する活動である。遠くから資料を購入する環境負荷の高い仕組みを変革し、できる限り身近なところで飼料・肥料を獲得することを目指す。生産能力としては一日 29 トンが飼料化できる IRM 株式会社のプラント設備があるので、そのフル稼働に向けて活動している。現在の回収は図表 4-1 のように、4 月～7 月の実

績で約 31 トンであるが、回収先が増えてくるように広報や交渉を行っており、今後ますます増えてくる予定である。

この事業が実施される前は、この運搬実績の多くが、産業廃棄物として有料で搬送されたのち、燃料を使ってゴミとともに焼却されていた。それを「もったいない」思想で有効で安全性が高く、しかも安価な飼料や肥料として活用することになったのである。

図表 4 - 1　協議会関連飼料化原料収集運搬実績
2012 年 4 月～ 7 月の実績 （単位：kg）

	A	B	C	D	合計
4 月	2,323	901	625	2,320	6,169
5 月	4,248	1,100	610	3,103	9,061
6 月	3,645	767	580	8,680	8,680
7 月	4,186	487	552	7,627	7,627
合計	14,402	3,255	2,367	11,513	31,537

出所：高崎食品リサイクルループ協議会資料から筆者が作成。

こうして回収された原料は IRM のプラント工場で乾燥飼料として生産されている。例えば、協議会として生産された飼料は 5 月実績で 18,100 kg であり、飼料販売実績は 5,600 kg となっている。まだまだ少ない実績ではあるが、新鮮な野菜くずやおからなどによって飼料が生産され、豚の餌やきのこの菌床として販売されている。

また、この飼料は 4 つの安全安心を実現している。すなわち、「ルートが確立している（契約書がある）」、「完全な分別・受け入れ検査が徹底している」、「製造サンプルの採取と成分分析を実施している」、「採取サンプルを保管・管理している」など、安全な飼料を作りだしている[4]。

高崎市周辺には多くの食品製造現場があり、まだまだ多くの新鮮な食品残渣が廃棄処分されていることが明らかになっている。そのため飼料の生産や販売実績は、今後順調に拡大することが予想されている。

②ブランド推進事業

ブランド推進事業では、育てた豚肉、ハムなどの食品を環境にやさしい食品としてブランド化して販売する。すでにブランド化のために 2011 年 11 月、全国からブランド名とロゴマークを募集し、203 の応募の中から、「すまいるーぷ」のブランド名とロゴマークを選出した。「すまいるーぷ」のブランド名と

写真2　プラント工場（IRM）内の様子

出所：高崎経済大学地域政策学部4年生の黄源が撮影。

　ロゴマークは、「食べる人」「料理する人」「（食品廃棄物を）運搬する人」「飼料にする人」「（豚・鶏・野菜などを）育てる人」の5人の笑顔をモチーフにしたグラフィックデザイナー（山口えり）の作品が採用された（図表4-2）。2012年2月には約60名の参加者を得て、本協議会で生産された飼料を食べて育った豚肉、菌床として栽培された茸などを食材に、協議会メンバーである高崎ビューホテル料理長が調理を担当し、発表会と試食会が開催された。
　この発表会を契機に、協議会で生まれた畜産物・農産物の統一ブランドを「すまいるーぷ」とし、ブランドづくりを推進することとした。排出事業者、飼料・肥料製造事業者、畜産・農業生産者、販売・加工・料理関係者、消費者のいずれもが笑顔でつながる、地域と人にやさしいブランドを作りたいという想いが「すまいるーぷ」には込められている。このロゴマーク入りの商品が市民に愛されるような活動を今後とも展開していきたいと思っている。
③食育推進事業
　食育推進事業では、学校給食で排出される野菜くずをリサイクルさせることにより、地産地消、トレーサビリティ、食料自給率等の問題を学ぶ食育事業を

図表4-2 「すまいるーぷ」のブランド名とロゴマーク

すまいるーぷ

TAKASAKI FOOD RECYCLE LOOP PROJECT

出所：高崎食品リサイクルループ協議会。

充実させる。2012年4月から高崎市教育委員会と連携し、小学校や中学校、給食センターなど9か所で一日約8,000食分の学校給食のリサイクルに取り組んでおり、高崎市食育推進協議会とも連携をしていくための準備を行っている。

　高崎市の学校給食は原則自校方式を採用しており、各学校単位で栄養士を置き、地産地消で学校ごとのメニューを作り温かな給食を提供している。今後は、今年度行った9か所のモデル対象校の社会実験を基礎に、図表4-3のようなループの完成を目指して、高崎市の学校給食関連施設（61校＋2給食センター）全部での実施に向けて取り組んでいきたい。推定年間総排出量は約370万トンであり、大量の排出物を飼料・肥料にすることが可能となり、全国初の試みとなろう。

　また、この学校給食のリサイクルループの仕組みを小中学生とともに学ぶ、食育事業を行うことを考えている。食糧自給率や食糧廃棄の問題、食の安全の確保などを食育として学び、リサイクルループの見学視察を行う。社会の現場ではどのように、食品が扱われているのかを知る。農業や畜産の生産現場の様子、学校・企業・スーパーなどでの廃棄・分別の様子、食品残渣の回収の様子、

図表4-3 学校給食におけるリサイクルループ

高崎市学校給食と高崎食品リサイクルループ協議会の取組イメージ

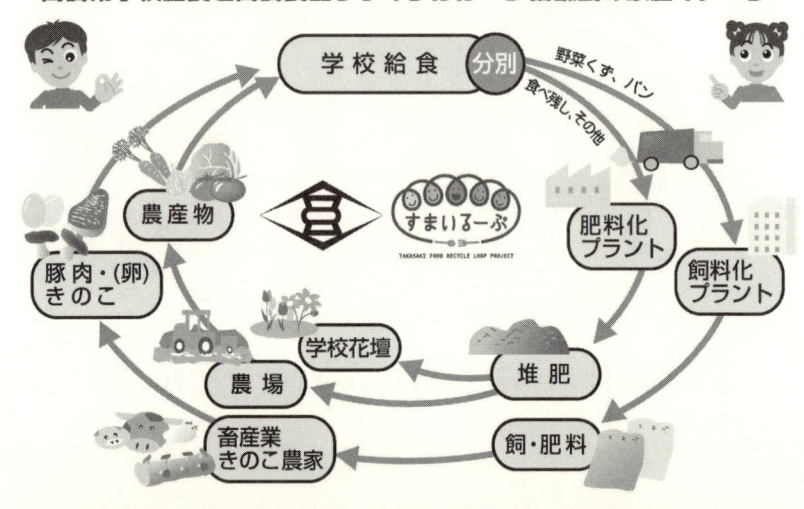

（図：学校給食→分別（野菜くず、パン、食べ残し、その他）→肥料化プラント→飼料化プラント→堆肥／飼・肥料→畜産業・きのこ農家／農場／学校花壇→農産物／豚肉・(卵)・きのこ→学校給食。中央に「すまいるーぷ TAKASAKI FOOD RECYCLE LOOP PROJECT」ロゴ）

取組のねらい ●食育 ●環境への配慮 ●食の安全 ●地産地消 ●郷土への愛着

出所：高崎食品リサイクルループ協議会（広瀬雅美）作成。

プラント工場の飼料・肥料生産の様子、肉や野菜の販売の様子などを見学して学ぶ。可能であればインターンシップを行うことも視野に入れる。

　実際に、2012年6月5日に第1回「すまいるーぷを巡るツアー」を実施した。高崎経済大学生（含む留学生）12名に協議会メンバーを加えて22名が、学習活動ツアーを実施した（高崎経済大学→群成舎→フレッセイ小鳥店→かえるファーム→高崎市榛名中学→三喜鶏園→IRM→高崎経済大学のコース）。また、第2回「すまいるーぷを巡るツアー」は8月7日に高崎イオンチアーズのメンバーと一緒に実施した。小学生たちが参加した第2回目では、イオン高崎→IRM→三喜鶏園→南雲邦男ファーム→イオン高崎のコースを巡った。子どもたちとともに、イオンから排出される食品残渣をIRMに運び、IRMでの乾燥飼料の生産活動を見学し、飼料を食べさせている三喜鶏園の販売の様子を見学し、また、中山間地域で農業を営んでいるファーム現場を視察した。

今後の予定としては、9月14日に高崎市の学校栄養士さんの研修会で、「すまいるーぷ」の活動を紹介し、試食会も開催し、食育活動の今後の展開を話し合うこととなっている。

　食の生産現場から、子どもたちの日常がますます離れている現在、私たちの食糧がどのように生産され、廃棄されているのか、そのことを学ぶ食育事業を通して子供たちに伝えていきたいと思っている。

(2) 活動の分析評価の視点

　このように、現在進行形で事業が進展し、拡充しているプロジェクトなので、本稿ではこの活動の概要を中心に報告して推進のプロセス評価に重きを置く。それゆえ、イノベーションの成果に関しては今後の活動の結果を待つことになるが、事業活動の進展に合わせて、以下の3つの視点から分析評価を加えていきたい。

①環境負荷の視点（廃棄と再利用、遠隔地輸送とコンパクト回収）

　写真1のように、本来は1kg当たり15円から20円で処理費用を払って産業廃棄物として回収され、多くはゴミとして燃やされていたものを、飼料化・肥料化する。これは環境負荷の低減にも役立つ。年間の回収量、飼料の生産量をデータとして把握することによって、環境負荷の視点から「すまいるーぷ」の果たす役割や機能を分析することが可能になる。事業拡大が期待されているので、その推移も把握して、環境対応としての機能をもつ地域拠点としてのリサイクルループ活動を位置づけたい。

②経済活性化の視点（飼料代、肥料代、流通・販売）

　この活動は、経済活性化の活動でもある。群馬県にはIRMのような飼料化プラント工場はたった一つしかない。この事業が順調に推移すれば、群馬県にはもう2～3個のプラント工場が必要となり、その際、雇用も生まれる。また、生産された飼料は販売される。年間の飼料化・肥料化のデータを把握し、ブランド化による販売活動も含めて、「すまいるーぷ」による地域経済の活性化を分析したい。

さらに、地域を拠点とするリサイクルループ事業は、全国的にも必要とされるものであり、47都道府県にこうしたループができると地域の経済活性化にも寄与する可能性がある。

③教育の視点（環境問題の学習、食料・農業問題の学習）

最近の都市構造は、働く現場が見えなくなっている。私たちは、毎日の食べ物がどこで、どのようにして、誰によって生産され、集められ、店に陳列され、加工されているのか。その残渣がどのように扱われているのか、目にする機会が減っている。特に、子どもたちは自分たちの食の実態をほとんど知らないまま育っている。私たちは、食育活動を大きくとらえ、食の栄養問題、健康問題と併せて、食品の生産・加工、流通・販売、処理、再利用過程を理解する教育としてとらえて活動を行っていきたい。そのために、前述した「すまいるーぷ巡り」を継続的に実施していく。

こうした視点から継続的に分析評価を重ねることによって、活動の成果と課題、そして可能性を明らかにしていきたい。

4　ホスピタリティの視点からの考察

(1)　ループ事業とホスピタリティ・マインド

最後に、この事業をホスピタリティ・デザインの視点から考察を加える。食品リサイクルループ事業は、ホスピタリティ・マインドなしには実現できない。ループを形成するためには、地域の中で活動する企業、大学、自治体、市民がそれぞれの利害を超えて、地域環境や地域全体の課題を解決しようと繋がることが必要であり、そのためにはホスピタリティ・マインドが不可欠になる。

ホスピタリティ・マインドとは、服部勝人（2006）が積み上げてきた「相互性の原理」や「多元的共創の原理」をもつホスピタリティ概念である。服部が提唱する相互性の原理とは、「相互容認、相互理解、相互確立、相互信頼、相互扶助、相互依存、相互創造、相互発展の8つの相互性に基づいた相関関係を

築くための原理」5)であり、多元的共創の原理とは「多くの異質な要素が複雑に関係する中で、多元的相関関係を築き相互作用・相互補完・相互連携し合うことで、最適な環境を創出し創造的共進化するための原理」6)である。

　ホストもゲストも対等な関係としての相互信頼・相互成長を原理とするホスピタリティ・マインドが醸成されて初めて、地域の利害関係者が個々の違いを超えて地域全体のために目的を共有する活動として、高崎食品リサイクルループ事業が成立する。各種団体が相互に信頼し、相互理解を深め、地域課題解決に向けて相互発展、相互創造の関係を構築し、多元的共創を生み出す。食品リサイクルループ活動はまさに、ホスピタリティ・マインドに基づいた活動なのである。

　本節では、食品リサイクルループ事業を展開し、地域全体の課題を解決するためには、相互性や多元的共創を原理とするホスピタリティ・マインドを基軸するホスピタリティ・デザインが有効であることを確認したい。

(2) ホスピタリティ・デザインの有効性

　これまで述べたように、リサイクルループ活動による循環型社会の構築は、ホスピタリティ・デザインが有効となるが、特に、「エリア性」、「多元的共創性」、「相互信頼・相互成長性」の原理に注目したい。リサイクルループ活動はエリア限定の活動であり、多種多様な団体が多元的に創造的関係を構築する活動であり、その活動によって相互信頼と相互成長が生成される活動である。以下やや詳しく見てみよう。

1) エリア性

　本事業はエリア性を有する。各事業体で排出される食品残渣は、時間の経過とともに鮮度が落ちてくる。良質な飼料を生産するために、新鮮な状態でプラント工場に搬出することがポイントになる。遠くから集め遠くに運ぶのは意味がない。エリア限定的活動なのである。また、あまり範囲が広がると運送時に多くの二酸化炭素を出すことにもなり、地産地消の理念には合致しない。

2）多元的共創性

　スーパー、廃棄物処理業者、リサイクル業者、プラント工場、食品工場、大学、市役所、教育委員会、小中学校、給食センター、旅館、ホテル、畜産業者、農業従事者など、まったく利害が異なっている、地域の各種団体が「もったいない」という理念を共有し、共創関係を築くことが2つ目のポイントとなる。

3）相互信頼・相互成長性

　企業にとってはCSRとしての活動、大学や市や学校にとっては食育や地域貢献活動、農業・畜産業の従事者にとっては、安価で安心できる食材を生産する活動である。この活動に関与することによって、相互信頼・相互成長が形成されていく。これが3つ目のポイントとなる。

　このように、本事業がエリア性を帯びた地域課題の解決を求める時、重要な精神的な柱としてホスピタリティ概念が浮上し、ホスピタリティ・デザインが有効となる。ホスピタリティ・デザインの要素であるエリア性、多元的共創性、相互信頼・相互成長性の原理のなか、着々と事業が展開されており、扱う食品残渣や飼料の質と量、そして参加団体とも広がる傾向にある[7]。

5　おわりに──考察・今後の展開──

　本文でも述べたように、これまでの活動を通して、①地域経済活性化の可能性、②規模拡大の可能性、③ビジネスモデルの全国展開の可能性を感じている。地域経済活性化と規模の拡大は同じ側面の現象である。

　この活動は、上毛新聞社、FMぐんま、FMラジオ高崎、NHK前橋放送局（含首都圏ネットワーク）などにより、マスコミに何度も取り上げ、注目されている。関心をもっている企業も多く、問い合わせも続いている。残渣を有効活用することによって無駄をなくし、新たな経済活動を展開し、雇用創出と地域経済活性化の可能性を追求したい。

　また、この事業は半径20～30kmの規模でのエリア性を帯びた取組みである。

あまり広がると残渣の鮮度も落ち、回収に環境負荷がかかり、活動の意味や価値が半減する。それゆえ、この事業は地域を拠点に仕組みを作るしかない。この事業が全国に広がり、各地の地産地消の仕組みが構築されることを期待している。

本事業の課題としては、まずは収益構造の確立にある。ループをつくっただけでは、事業の継続は難しい。事業の関係者が、それぞれ収益を出し、協議会自体にも資金が入ってくる事業として成立しなければ、持続可能なものとならない。現在は、役員や事務局含めてボランタリーな志によって活動が支えられている。事業の収益構造の確立こそが本事業の最大の課題といえる。そのためには、「すまいるーぷ」ブランドの確立が必要である。本事業で生産された肉、卵、キノコ、野菜、加工品等が、安くておいしく安全なものだという消費者の評価がなければ、収益構造が構築されない。2013年の春には、一斉に「すまいるーぷ」ブランドがスーパー等に並ぶ予定となっている。そこが、最初のポイントとなろう。

次に、研究の課題を挙げたい。本事業の評価として、①環境負荷の視点（廃棄と再利用、遠隔地輸送とコンパクト回収）、②経済活性化の視点（飼料代、肥料代、流通・販売）、③教育の視点（環境問題の学習、食料・農業問題の学習）から分析を加え、ホスピタリティ概念との相互関係性を明確化したい。

本事業は地域の各種団体が地域課題解決に向けて協働する活動として、また、それを大学や教育委員会がコーディネートし支援する活動として、さらには、新たな価値を創出するイノベーティブな活動として、継続発展することを目指している。今後ともその展開に注目していただきたい。

注
1) 筆者は一般社団法人高崎食品リサイクル協議会の会長職を務めてこの事業の責任者となっている。本稿は私が責任を持って書いているが、協議会事務局長の広瀬雅美や副会長の芝崎勝治のデータやアイデアを活用してまとめあげている。
2) このプログラムでは高崎経済大学、政策研究大学院大学が中心になり、高崎青年会議所、高崎市、NPO法人時をつぐむ会、NPO法人DNAなどが協力して、ま

ちなか再生事業を展開した。そのなかで「高崎ひる市」は事業終了後も、月1回の直売市を継続的に実施している。高崎食品リサイクルループ事業とともに事業化に成功した事例である。
3) 農林水産省。
4) 協議会事務局長の広瀬雅美の指摘である。
5) 服部勝人『ホスピタリティ・マネジメント学原論』丸善出版社、2006年、113頁。
6) 同上、114頁。
7) 例えば、協議会においては、フードバンク活動の導入なども検討している。三菱総合研究所「平成21年度フードバンク活動実態調査報告書」(2010年2月)などを参考に、地域の食糧残渣を活用できる方式の研究も行っている。フードバンクは、ホスピタリティ・マインドなしには実現できない活動であろう。

参考文献

服部勝人『ホスピタリティ・マネジメント入門第2版』丸善出版社、2008年。
同『ホスピタリティ学のすすめ』丸善出版社、2008年。

第5章　産学協働による地産地消の推進と地域活性化の試み
――「たかさき昼市」を例にして――

久宗　周二

要　旨

　「たかさき昼市」は「中心市街地活性化」、「地産地消の推進」を目的に、8月を除く毎月第3日曜日の午前11時～午後3時まで、高崎市中心街の鞘モール、大手前通りで生産者の方々、商店街の方々、そして私のゼミと「産学連携」で開催しています。学生がチラシを作成して、手分けして中心市街地の家庭にポスティングをしています。「昼市」を盛り上げるために学生たちがいろいろなイベントや商品開発しております。野菜スープやキノコ汁のお振る舞いのほか「100人の書初め大会」、「全日本だるま落とし選手権大会」、「母の日メークアップ講習会」など数々のイベントを考えてきました。昼市開催までの経緯と、昼市の出店者、来場客にアンケート調査を行い、問題点や改善案を明らかにした。

【キーワード】
地産地消の推進　中心市街地活性化　社会教育　イベント開発　チャレンジショップ

1　はじめに

　中心市街地は、歴史的には定期市が立つ街が、商業の集積地となり、周辺部

から街に集まって、農産物などの産品を運び、いろいろな品物を買っていった。第二次世界大戦後の高度成長期には、田舎から都市に人口が集まり、中心市街地の商店は隆盛を極めた。しかし、スーパーマーケットなどの大規模小売店が増加すると、中心市街地は相対的に寂れていった。

中心市街地を活性化させようと、道路をレンガやタイルを埋め込んできれいに整備し、車を締め出すか、歩道を広げ、花壇やベンチを配置しモール化して、整備した。車両通行止めにした商店街の整備は、日本においては昭和45年の北海道旭川市の「平和通り買物公園」がはじめとされている。当初は、歩行者の通行量も買い物客も増加した。それに倣って、全国の多くの商店街で、商店街をきれいに整備していった。しかし、人は郊外の大規模店に集まり、旧来の中心の商店街は寂れて、昼間からシャッター閉めっぱなしになる、いわゆる「シャッター通り」になってしまう傾向は全国的にみられている。特に昨今の世界的大不況により、雇用が大幅に減少して、派遣労働などの雇用の非正規化進んできた。その結果、消費者の所得の減少し、消費が減退して、さらに売り上げが下がるという悪循環を起こしている。中心街活性化には、今までのハード事業とは異なった新しい方策が必要になってきている。

2 中心商店街農業の問題点

中心市街地の商店街に人が行かなくなった要因を、人の行動から考えてみる。なぜ人は買い物に行くか考えると、「何か新しいものを買いたい」、「いいもの、安いものを買いたい」、または、「いまどのような物が流行っていて、どのような新しい製品があるかをみてみたい」など、何らかのメリットがあるために行動をする。特に、従来は中心商店街しか選択肢がなかったものが、郊外にスーパーマーケットができると選択肢が増える。複数の選択肢があると人はより自分にメリットがある方を選択する。

その点で中心商店街では、品揃えがない、定価で売っている、ただ見るだけでも駐車料金を取られる。屋内で休むスペースが少ない、イベントがないなど、

魅力に欠けている。ハード事業で街を整備しても石畳など街をきれいにしても、店が開かず、また開いていても欲しい商品がリーズナブルな価格で売っていなかったり、なにも楽しみがなかったら、人は来ないと考えられる。

　その一方で、大型ショッピングモールは、品揃えが豊富で、新しい商品も並んでいて、値段も安くなっている。フードコートなどの一休みできるスペースと、子供が遊べるスペースがあり、駐車場も広く、しかも無料である。

　そのような状況に鑑みて中心商店街は、以前のように定価で物だけ売っていれば、必ず売れる時代は終わっていることを認識しなければならない。大型量販店に無い、特徴のある商品のラインナップや、きめ細かいサービス提供していかなければ、商売を継続していくことが難しくなってきている。もちろん、中心商店街でも、商品を工夫し、きめ細かいサービスを提供している店も数多く存在する。しかし、消費者にはどのような店が、具体的にどのような人が、どのように売っているかが分からない。お祭りとかイベントで商店街に人は来ることがある。しかし、来場者は祭りなどのイベントをみる目的であり、屋台で買うものが目的であり、商店には目的が違うので入らない。そのためには、消費者がもう一度、商店街を買い物目的で訪れる仕組みを作る必要がある。

　現在の高崎市の状況を見ると、平成20年度中心市街地通行量調査（平成20年10月26日実施）の結果では、19万886人。平成18年の前回調査よりも9500人（5％）減少していた。高崎駅周辺が全体に占める割合は前回60％だったのに対し、今回は64％に上昇している[1]。今後は、いかに人に来てもらえるように店を作るべきか、各店舗が協力をして、街全体で人を寄せ付ける魅力を作ることができるか、工夫すべきである。かつ、現在の経済状況を考えると、多額の補助金や、民間からの寄付、協賛金を得ることができないので、市街地の整備から、低コストで効果的なソフト事業を考えた中心市街地活性化事業を展開する必要がある。

　現在の地方都市を取り巻く、重要な問題のもう一つに農業の活性化が挙げられる。「農林水産省が発表した2010年の農林業センサス（速報値）によると、日本の農業就業人口は2005年の前回調査より75万人減少し、260万人になっ

たとなり、5年間の減少率は22.4％で、現在の調査方法になった85年以降では過去最大となっている。また、過去1年以上作付けがなく、今後も数年は耕作する見通しのない耕作放棄地が前回より1万ヘクタール（2.6％）増えて、40万ヘクタールに達した。農業就業人口は90年には482万人だったが、この20年間でほぼ半減したことになる。高齢で農業を続けられなくなった人が増加し、新たに就農する人の数を上回っていることが主因。就業人口の平均年齢は65.8歳と5年間で2.66歳上昇し、初めて65歳を超えた。農業経営の多角化への取り組み状況では、農産物の加工に取り組む農業経営体が4割以上増えて3万4000となり、大幅増を示した」[2]。

　全体的に農業の今後の農業が継続して営われるためには、農家が自立していかなければならない。そのためには適正な価格で取引されるように、良い品物を作ることが必要である。

　高崎市を例にとると近隣町村と広域市町村合併を行い、埼玉県境から長野県境（一部飛び地あり）広大な市域になった。同時に、野菜や果物の産地が増えた。その一方で、農業生産者は厳しい状況になっている。しかし、市域が広がったにも関わらず、旧市街地では、あまり知られていなかったり、知っていたとしても、地元の商店やスーパーマーケットでは地元産品を取り扱っていないことも多い。また、近年食の安全に対する関心が高まってきており、各地に産地直売所が設けられている。平成18年に、群馬県内に100個所以上の直売所が設けられている。しかし、直売所が必ずしも高い利益を上げているとは限らない。

　直売所の良い点としては、生産者の顔が見えて安心、売り手からいろいろな情報がもたらされるなどであるが、一方で問題点としては、品ぞろえ不足であり、時として価格がほかの店に比べて高いなどの理由により、お客さんが来なくなるケースも多い。また、生産地の近くに作ったとしても、消費者の多い都市部から離れた場所に設けられることも多い。消費者が野菜を一個、二個を求めるにも、車で30分走って産地の直売所まで買いに行くことは大変であり、時によっては求める野菜が売っていないことがあると、再度訪れることは少ない。

3 街中産直市「たかさき昼市」の試み

　地域の活性化には、多くの町で地域の特徴を生かした町おこしを行っているが、年に一度のイベントでは一過性に過ぎず、継続的な街の発展には程遠い状況である。特に、世界的な不景気で、国や地方公共団体で税収が上がらず従来のような助成金は期待できない。

　以上のような状況では、従来型の中心市街地の活性化、商店街の活性化は限界がきている。ここで、商店街の形成を歴史的に考えてみる。商店街の発祥は、毎日、または一定の日に市が立ち物を持ち寄り売買・交換することからはじまったと考えられている。当初は生産地より物を運んで、商品を並べて物々交換、または貨幣と交換を行った。物の動きが多くなると市を行っていた場所に店を構えて、いろいろなものを販売し始めて、そこで商店が形成されていったと考えられる。現在のように商業環境が変わり、店舗を構えるほどの大きな商いことを考えると、もう一度原点に返り、定期市を開催するのも一つの考えである。

　定期市のメリットとして、以下のことが考えられる。

・気軽に店を出せる、試作の評判を聞くなどの、アンテナショップの役割を持つことができる。
・店を開く場合、賃料、保証金、外装・内装費、設備、什器、備品などの費用がかかるが、定期市に出店する場合には、元手がかからない。
・出店料と、原材料の仕入れだけで済み、特に自家製の場合はさらに安く済む。
・失敗しても、撤退、業種転換が簡単にできる。

　その点ではチャレンジショップとしても有効である。しかも、定期市で人気が出てきた場合、資金をためて店舗に移ることもできる。

　定期市の成功例としては、毎週土曜日に開催している盛岡市材木町「よ市」の場合は、出店者が人気がでてくると、商店街の空き店舗に入居する。そのために、材木町商店街は現在空き店舗はない。しかも、「よ市」では公的な補助

写真1　青森県八戸市の片町朝市（著者撮影）

金を受けずに開催を続けている。定期市を続けることによって、商店街に人が集まり、空き店舗対策として、中心街活性化に有効な手段であると考えられる。盛岡市材木町では40年にわたり春から秋の毎週土曜日に「よ市」を開催して、毎回1万人を集客している。青森県八戸市舘花漁港では、毎週日曜日に朝市を開催して3万人以上を集客している。

　内閣府の中心市街地活性化事業の補助金を得て、地元の産品を使った中心街活性化の社会的実験を、平成21年8月より始めた。「たかさき昼市」と名前にして、原則として毎月第3日曜日の午前11時から午後3時まで、高崎市中心街の鞘モール、大手前通りで開催している。

　人間の行動を考慮してコンセプトを考えた。
1．「人は日曜の朝ぐらいは早起きしたくない」と考えて、「朝ゆっくり起きて、昼ぶらりと来て、夕飯のおかずを買いに来る」というイメージにした。
2．朝市をやると生産者も早起きして、収穫、準備しなければならないので、朝起きて畑の世話をしてからでも来られる時間にした。

第5章　産学協働による地産地消の推進と地域活性化の試み　85

図表5-1 「たかさき昼市」 ポスター　　図表5-2 「たかさき昼市」 イベント案内　ちらし

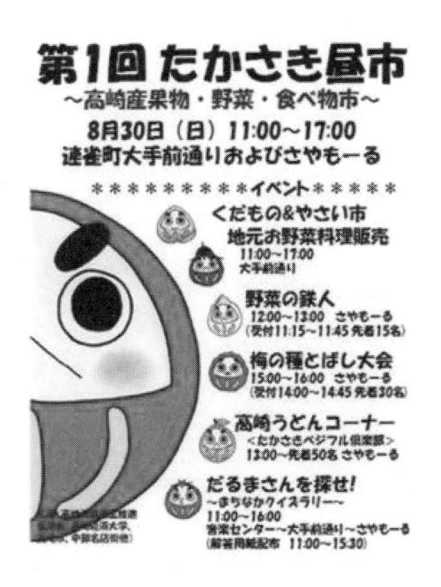

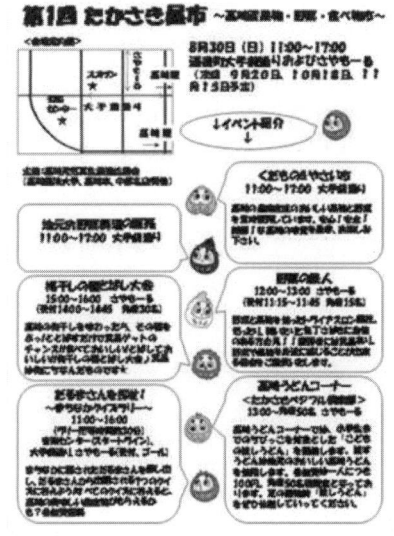

3．朝早い時間では、せっかく中心街に人が来ても、商店が開いていない。店が開いている時間に開催すれば商店街の回遊性を考える。たかさき昼市は「高崎中心街元気再生協議会」の面々である、商店街の方々、生産者の方々の協力があって開催できた。「産学連携」というが、昼市は企業と言うよりも、「農業」と「中心街」の人達と連携による「農街学連携」によって開催ができた。運営やイベントは、高崎経済大学経済学部経営学科の久宗ゼミナールの学生が自発的に行っていた。事前準備として、ゼミ生とともに一人一つずつ、各地の農業イベントを調べた。その中からコストがあまりかからず、準備に長い時間をかけず、効果のあるものを議論をして選択した。その準備を踏まえて、第1回の昼市（写真1）を平成21年8月30日に開催した。ゼミの学生のデザインによるポスター、チラシ（図表5-1・5-2）を作成して来場者に配布した。

集客イベントとして、「梅の種飛ばし」（写真7）、「野菜の鉄人」（写真4）、「流し高崎うどん」（写真3）、「倉渕冷やし野菜の販売」、産地交流コミュニケ

写真2　第1回たかさき昼市　　　　　図表5-3　「たかさき昼市新聞」

写真3　流し高崎うどん大会　　　　　写真4　野菜の鉄人大会

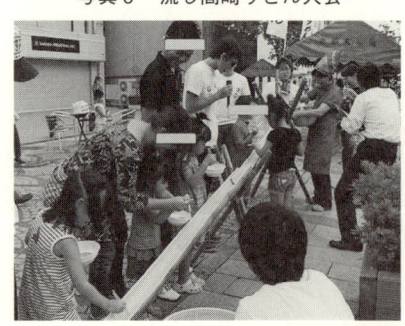

　ーションとして「たかさき昼市新聞」（図表5-3）の発行を行った。
　第2回の昼市（写真5）では、運営を効率的に行い、イベントを絞って、「クイズラリー」（写真8）、「梅の種飛ばし」、「倉渕キノコ汁の振る舞い」を行った。出店者からクイズラリーの商品を提供していただき、「きのこ汁」の無料

写真5　第2回たかさき昼市　　　　写真6　お客さんと出店者との会話

写真7　盛況だった「梅の種飛ばし大会」　写真8　「クイズラリー」の受付

振る舞い（写真9）をした。学生が自発的に駅前などでビラを撒くなどより積極的な告知活動を行い、イベントも人数が増加した。梅の種飛ばし大会では、前回参加者の13人から40人になった。出店者用のテントは、第1回目では大学より借用していたが、昼市実行委員会で軽量の新品のテントを独自に購入した。運営する学生の負担の軽減した上、安全確保とともに、イメージアップを図った。

　ほとんどの出店者が前回よりも売上げがあがった。第3回目以降は、高崎駅前でのチラシ配り、商店街の商店主へのポスターをもって挨拶するなど学生が、自発的に行動した。地元のメディアでの広報として、「ラジオたかさき」、「FM群馬」などに学生が出演してイベントを紹介していた。さらに、地元紙

写真9　「倉渕キノコ汁の無料お振る舞い」　　写真10　吹奏楽部によるミニ演奏会

の「上毛新聞」でも記事として取り上げられた。

4　出店者から見た、たかさき昼市[3]

　昼市を発展させていくためには、出店者に気持ち良く販売できるよう出店環境を整えることも重要である。久宗ゼミの学生が、出店者の考えを知ることが重要であると考え、2009年10月、2010年10月、11月の計3回に出店者にアンケートを実施した。これらのアンケートでは、主に売上げや意見・要望などについて尋ねており、売り上げに対する満足度や、昼市の改善点などを出店者の視点から調査した。

〈方法〉

【第1回目】

日時：2010年10月17日（日）

昼市終了間際に各店舗を周り、直接出店者に調査項目について質問した。

【第2回目】

日時：2010年11月21日（日）

昼市開始時に各店舗にアンケート用紙を配布し、終了間際に回収した。

〈結果〉

　出店した回数については、11回以上15%、6～10回62%、5回以下15%、

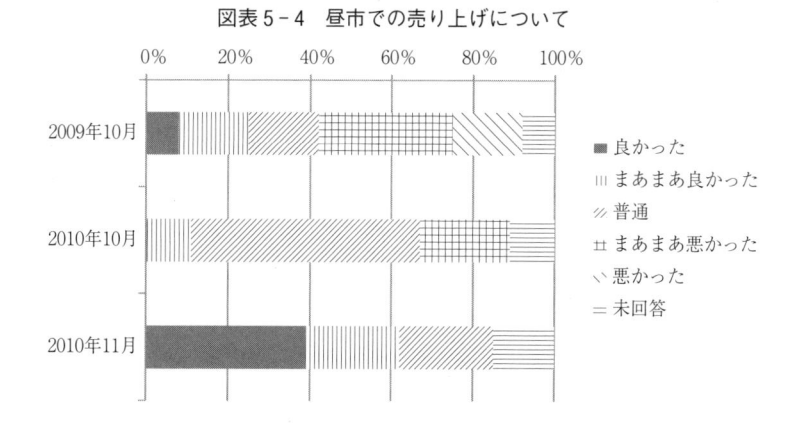

図表 5-4 昼市での売り上げについて

2009年10月
2010年10月
2010年11月

凡例：良かった／まあまあ良かった／普通／まあまあ悪かった／悪かった／未回答

未回答8％であった。

　昼市の売り上げについては図表5-4を参照。

　2009年度に実施したアンケートと比べて、今年実施した2回のアンケートでは、売上げが「良かった」、「まあまあ良かった」、「普通」と回答した出店者の割合が高かった。

　前回との売り上げの比較では（図表5-5）、第2回目のアンケートでは第1回目よりも「良かった」、「まあまあ良かった」と回答した出店者が多かった。第2回目では「まあまあ悪かった」、「悪かった」と回答した出店者はいなかった。

　第2回目では、売上げが「良くなった」がやや減り、「変わらない」が微増した。今年の第2回目では、未回答が多かった。

　次回の出店については（図5-6）、全3回のアンケートで「いいえ」と回答した出店者は1人しかいなかった。「はい」と回答した方の理由として、「お客様と直接会話したいから」、「自分の店のPRをしたいから」、「続けていくことが大事だから」と答える方が多かった。

　出店を決めた理由については（図表5-7）、最も多い理由は、「昼市の目的に賛同したから」であり、次いで「関係者にすすめられた」からであった。参加者は昼市の目的である、地産地消の推進、中心街地の活性化を理解して参加し

図表5-5 前回との売上げの比較

- 良くなった
- 変わらない
- 悪くなって
- わからない

図表5-6 次回の出店について

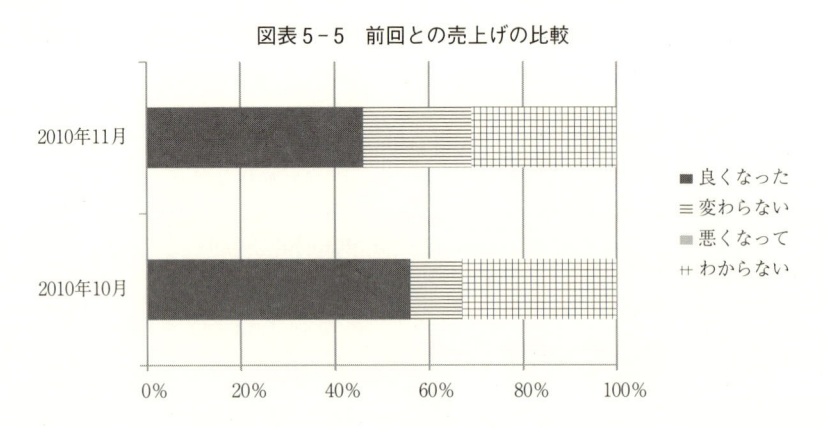

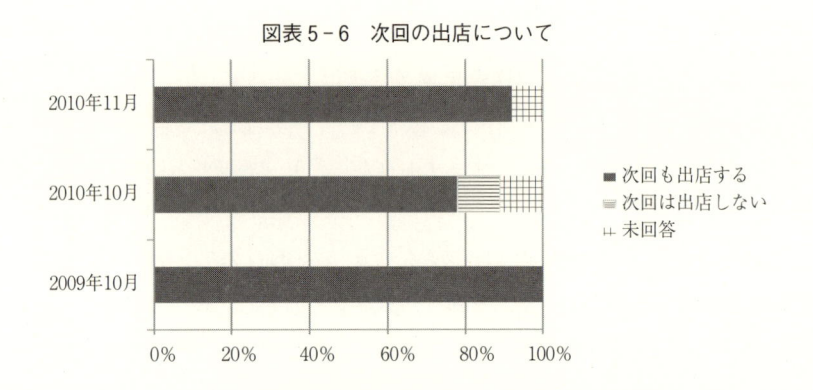

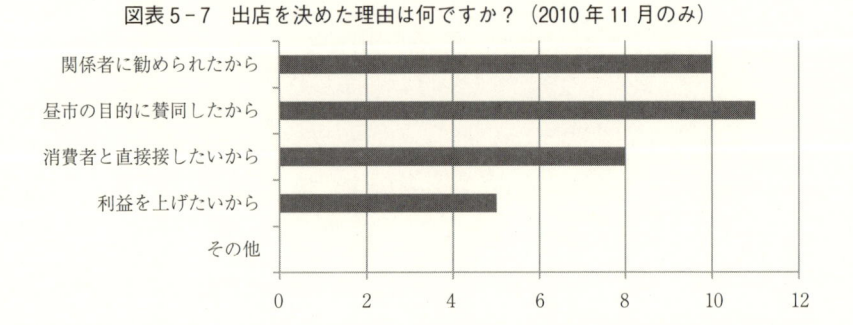

- 次回も出店する
- 次回は出店しない
- 未回答

図表5-7 出店を決めた理由は何ですか？（2010年11月のみ）

理由	人数
関係者に勧められたから	10
昼市の目的に賛同したから	11
消費者と直接接したいから	8
利益を上げたいから	5
その他	0

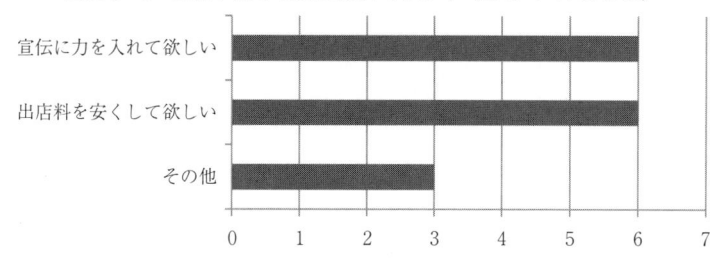

図表5-8　昼市に対する要望は何ですか？（2010年11月のみ）

- 宣伝に力を入れて欲しい： 6
- 出店料を安くして欲しい： 6
- その他： 3

ている。

昼市に対する要望については（図表5-8）、すべてのアンケートで「宣伝に力を入れて欲しい」という意見がかなり多かった。

改善点

〈すぐに実行できるもの〉

日当たりを考えてテントを設置する、毎回同じ場所にテントを設置する、昼市が毎月第三日曜日に開催していることを知っているお客様が少ないので、昼市を宣伝する際に「毎月第三日曜日開催」だということを強調する、休憩用のテーブルにごみ袋をつける。また、テーブルを拭く布巾を置くか、学生がこまめに管理する、お客様の足を止めやすくするために店舗の間隔を狭めてほしい、などであった。（上記事項は、現在ほぼ改善している）

〈すぐには実行できないもの〉

宣伝に力を入れる、出店料を下げる、もしくは冬の間だけ安くする、スタッフがほしいなどであった。

考察

売上げに関しては、第2回目のアンケートでは「普通」または「少し悪かった」と答えている店舗が多かったのに対して、第3回目のアンケートでは「良かった」、「まあまあ良かった」、「普通」と答える店舗が多く、ほとんどの店舗で売上げが増加していることが分かった。これは、第2回目のアンケートを取った際の昼市は、えびす講や販売甲子園という大きなイベントも同時開催していたため、人通りが増えたためであると考えられる。売上げは前回よりも「良

くなった」と答える店舗が、回数を重ねるごとに多かったため、少しずつではあるが売上げが上昇しているのが分かる。

〈出店した理由は何か〉という質問項目では、「昼市の目的に賛同したから」と回答した出店者が、私の予想以上に多かった。また調査の際、出店者の方々にねぎらいの言葉を頂き、基本的なことではあるが、昼市はこれからも学生・出店者・商店街で良い関係を保ちつつ協力して作り上げていきたい。

5　来場者から見た、たかさき昼市 [3]

　同様に久宗ゼミナールの学生が、昼市への来場者の視点からたかさき昼市の現状を明らかにする。

　2010年12月19日（日）で17回目の開催となったたかさき昼市では、2010年8月の第1回開催からポスターの掲示やチラシの配布、ラジオ出演など様々な宣伝活動に取り組んできた。2010年10月には同月のたかさき昼市開催に向けて、高崎市内の一部を対象としたチラシのポスティングも始まった。しかし、「毎月開催しているとは知らなかった」という声が、まだ来場者から聞こえてきた。固定客はついているのか、どのようなきっかけでたかさき昼市に訪れるのか、宣伝活動の効果は出ているのか、実際に来場した方々はたかさき昼市をどのように思うのか。市街地の活性化という目標を達成するためには、たかさき昼市をより発展させなければならない。そのためには、たかさき昼市に関わる来場者の声を明らかにし、現状・今後の課題を明確化する必要がある。そこで、たかさき昼市の来場者を対象にアンケート調査を実施した。

調査方法

　たかさき昼市の来場者に声をかけ、アンケート回答を依頼した。
　　アンケート調査の詳細は次の通りである。（未回答は集計より削除した）
(1)　対象者：たかさき昼市来場者
(2)　日時：平成22年10月17日（日）、11月20日（土）、11月21日（日）、12月19日（日）　時間：11時30分から13時30分

図表5-9　回答者内訳　　　　　　　　　　（単位：人）

		10代以下	20代	30代	40代	50代	60代以上	未回答	計
10月	男性	0	0	0	0	0	1	1	2
	女性	2	1	4	5	2	8	1	23
11月	男性	1	0	6	4	2	2	0	15
	女性	1	6	13	5	4	5	7	41
12月	男性	0	0	2	1	0	1	0	4
	女性	0	3	3	0	2	3	0	11
	計	4	10	28	15	10	20	9	96

(3)　3場所：たかさき昼市会場（大手前通り）主にテント前、休憩所

結　果

集計結果

　10月：25（男：2、女：23）名、11月：56（男：15、女：41）名、12月：15（男：4、女：11）名の計96（男：21、女：75）名から回答を得た。10月は雷舞、11月はえびす講と同時開催、12月はたかさき昼市単独開催であった。そのため、アンケート集計結果は月別に表す。（図表5-9）

　性別では、男性22％、女性78％であった。年齢では、30代が最も多く、つづいて40代が多かった。

　11月では市内：70％、市外：27％であった。12月では、市内：80％、市外：20％であった。回答者の住居は（図表5-10）、11月・12月ともに、市外からより市内からの来場者が多い。

　チラシの効果では（図表5-11）、11月では「見たことがある」：27％、「見たことがない」：66％であった。12月では「見たことがある」：33％、「見たことがない」：67％であった。11月・12月ともに、「見たことがある」より「見たことがない」と回答する人の方が多かった。

　来場回数は（図表5-12）10月では「初めて」：72％、「2回目」：4％、「3回以上」：20％であった。11月では「初めて」：63％、「2回目」：23％、「3回以上」：11％であった。12月では「初めて」：46.6％、「2回目」：26.7％、「3

図表5-10　回答者の住居
(単位：人)

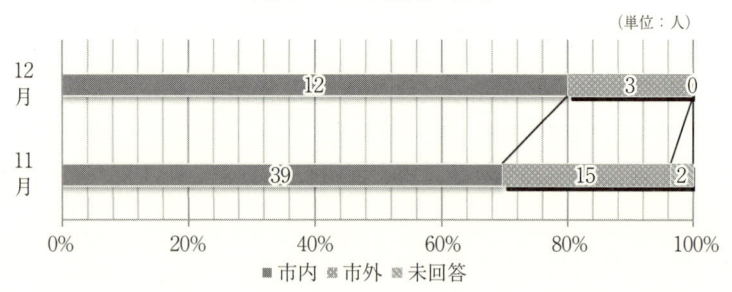

	市内	市外	未回答
12月	12	3	0
11月	39	15	2

図表5-11　チラシの効果
(単位：人)

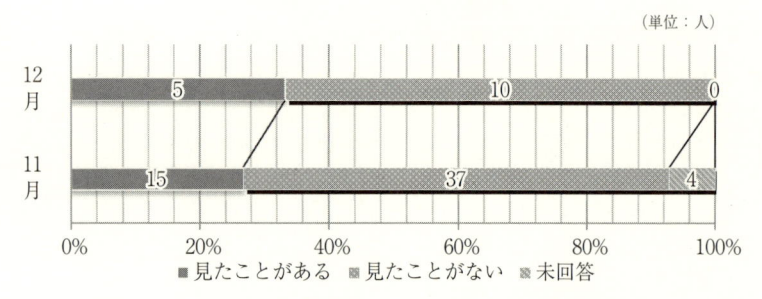

	見たことがある	見たことがない	未回答
12月	5	10	0
11月	15	37	4

図表5-12　来場回数
(単位：人)

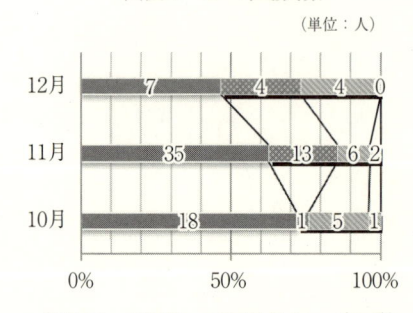

	初めて	2回目	3回目以上	未回答
12月	7	4	4	0
11月	35	13	6	2
10月	18	1	5	1

回以上」：26.7％であった。すべて、たかさき昼市に来場したのは「初めて」と回答した人が一番多かった。

開始時刻では（図5-13）、「ちょうど良い」：81％、「ちょっと遅い」：18％などであった。終了時刻では「早い」：4％、「ちょっと早い」：24％、「ちょうど良い」：71％であった。開始時間・終了時間ともに、「ちょうど良い」が最も多かった。

来場のきっかけは（図表5-14）、10月では「産直品」：43％、「加工品」：5％、「おふるまい」：33％、「イベント」：19％であった。11月では「産直品」：

図表5-13 昼市の開始時間と終了時刻
（未回答　開始時刻：3名、終了時刻：17名）

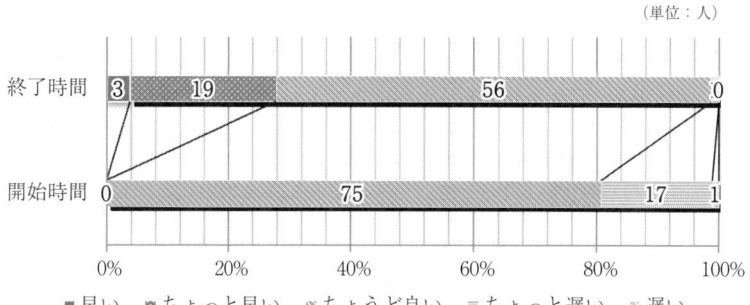

(単位：人)

終了時間: 3 | 19 | 56 | 0
開始時間: 0 | 75 | 17 | 1

■早い　■ちょっと早い　■ちょうど良い　■ちょっと遅い　■遅い

図表5-14 来場のきっかけ

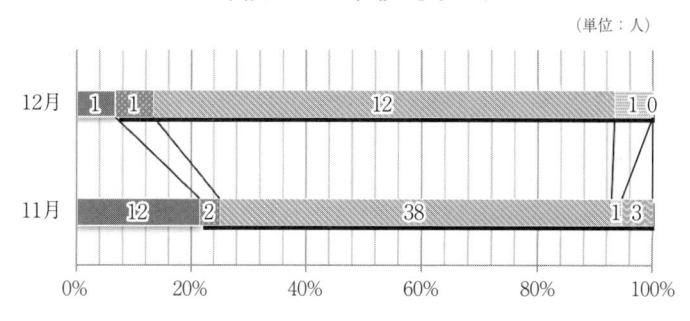

(単位：人)

12月: 1 | 1 | 12 | 1 | 0
11月: 12 | 2 | 38 | 1 | 3

■チラシを見て　■知人の誘い　■通りすがりに　■その他　■未回答

79％、「加工品」：21％であった。（11月はえびす講と同時開催のため「おふるまい」、「イベント」は開催しなかった。）12月では「産直品」：60％、「加工品」：10％、「おふるまい」：30％であった。10月・11月・12月すべて、「産直品」が最も多かった。

　実際に来場して良かったものでは（2つまで回答可能）（図表5-16）、10月では「産直品」：13票、「加工品」：3票、「おふるまい」：12票、「イベント」：2票であった。11月では「産直品」：21票、「加工品」：17票、「来場したばかり」：20票であった。12月では「産直品」：8票、「加工品」：6票、「おふるまい」：4票、「来場したばかり」：1票、「その他」：1票であった。

図表5-15　来場のお目当て
（未回答　10月：4名、11月：32名、12月：5名）
（単位：人）

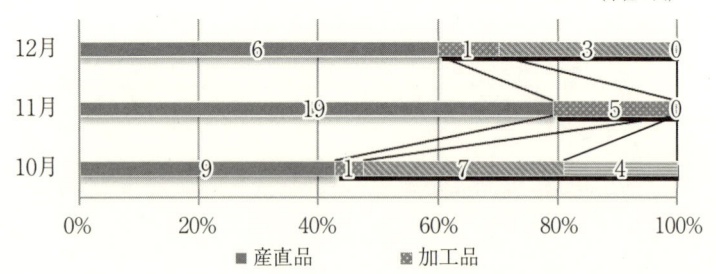

月	産直品	加工品		
12月	6	1	3	0
11月	19		5	0
10月	9	1	7	4

図表5-16　実際に来場して良かったもの
（未回答　10月：5名、11月：4名、12月：2名）
（単位：票）

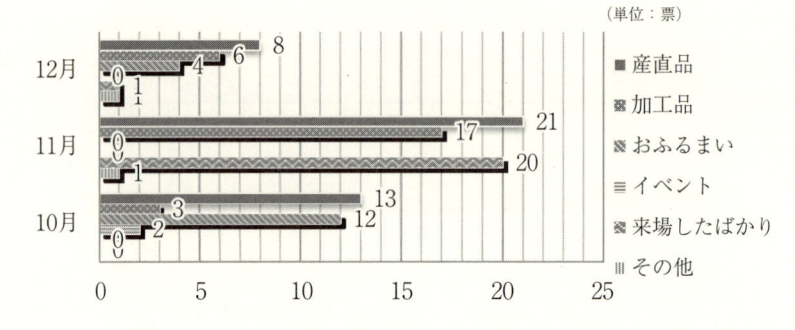

月	産直品	加工品	おふるまい	イベント	来場したばかり	その他
12月	8	6	4	1	0	
11月	21	17	20	1	0	
10月	13	12	3	2	0	

　10月・11月・12月の「たかさき昼市への感想・意見・要望」をまとめた（回答数は21）。（図表5-17、5-18）

考　察

　回答者の大半は女性で、年齢では30代が最も多かった。来場のきっかけは何か、という質問では、「初めて来場した」、「チラシを見たことがない」、「通りすがりに」と答える人が大半であった。しかし、たかさき昼市への意見・感想では、否定的なものは一つもなく、「売っているものが魅力的である」、「また来たい」、「頑張ってほしい」などの回答が多かった。よって、たかさき昼市を知らない来場者が多いが、一度でも来場していただければ、その魅力や意義

図表5-17　実際に来場して良かった理由

産直品	・新鮮な・無農薬のものが買えて良かった。・美味しそうで安いから。 ・おもしろいものを売っているから。・安い。・新鮮で安い。 ・色々なものがあって良い。・試食させてもらえて良かった。楽しい。 ・ここでしか買えないものがある。　・地元の物が買えるから。
加工品	・手作りの和菓子が良い。・おいしかった。・色々なものがあって良い。 ・子どもも安心して食べられそう。・子どものおやつにちょうど良い。 ・座るところが用意されていて良い。
おふるまい	・おいしかった。・なめこ汁であたたまった。
イベント	・楽しかった。・子どもが喜ぶ。
全体	・ハツラツとしていて良い。・雰囲気が良い。

図表5-18　たかさき昼市への感想・意見・要望

感想	・平日より活気があって良い。・賑わっていて良い。・楽しそうで良い。 ・初めて来たけど、楽しかった。・たまには中心街に来てみようかと思った。 ・興味があるのでまた来たい。・機会があったらまた来たい。 ・色々なものがあって良い。・季節にあった食べ物があって良い。 ・安くておいしいものが食べられて良かった。・頑張ってください。 ・もっと市街地を活性化できるように頑張っていきましょう。
意見	・毎週末あると良い。・広告を載せてもらえたら来るきっかけができて良い。 ・宣伝をもっとした方が良い。・店が少ない。
要望	・ときどき開催してほしい。・続けて定着させてほしい。 ・簡単に軽食できる場所を作ってほしい。 ・ゴミ入れをもっと増やしてほしい。・各々が開始時刻に開店してほしい。

が伝わるということがわかった。

また、たかさき昼市の意見・要望では、「宣伝をもっとした方がいい」が多かった。アンケート調査の結果では、調査回数別・住まい別に関わらず、大半がチラシを見たことがないと回答した。2010年10月開催に向けてチラシのポスティングが始まったが、そのエリア内から来場した人の半数以上もチラシを見たことがないと回答した。ポスティングは、対象エリアをたかさき昼市の会場周辺に絞り、気軽に来場しやすい・来場する確率が高い人たちに、たかさき昼市の情報を確実に伝えることが効率が良い宣伝方法であると考えられる。しかし、11月・12月でのポスティングエリアからの来場者は7名であり、チラ

シを見たことがあるのは3名であった。宣伝はたかさき昼市の大きな課題である。宣伝の方法を2通り提案する。①人通りが少なくなった商店街を活性化するために始めたたかさき昼市であるから、普段、足を運ばない人にも来場してもらえるように宣伝することであり、ポスティングのように、たかさき昼市から離れた場所で宣伝をした。そのほかに、高崎駅前でのチラシ配りを復活させるのも有効的である。通行人にチラシを手渡し、多くの人とコミュニケーションをとることができるからである。実際に、チラシを見て興味を持ってくれた人とは立ち話に発展することもあった。また、「チラシをもらったから」とたかさき昼市に来場してくれた人もいた。②それと並行して、たかさき昼市を意識しているときに宣伝すること。①で来場した人、通りすがりに来場した人たちを固定客にすることも重要である。現在でも、休憩スペースにチラシが置かれ、さらに、各出店者が商品を袋に詰めるときに次回開催分のチラシも一緒に入れている。自宅に帰って袋を開け、「またたかさき昼市に行きたい」と思った時に次回開催予告のチラシがあれば、次回来場につながる可能性は大きい。
（現在実施済）

6　現在のたかさき昼市

　平成25年1月の開催で、たかさき昼市は41回目となった。
　運営やイベントは、高崎経済大学経済学部経営学科の久宗ゼミナールの学生を中心に自発的に行っている。高崎経済大学経済学部は2年の9月よりゼミナールが始まるが、翌年の3年生の11月まで学生が主体的に取り組むのでおり、毎年、毎年自分たちで考えたいろいろなイベントを開催している。野菜スープやキノコ汁のお振る舞いのほか「100人の書初め大会」、「全日本だるま落とし選手権大会」、「母の日メークアップ講習会」など数々のイベントを考え、いくつかのイベントは上毛新聞の紙面にも掲載された。2012年はマンドリン部などの大学の部活やサークルが街中に出て、演奏会を開いている。また、たかさき昼市には、高崎近辺の農家が丹精込めて作った野菜を安く売っており、ゼミ

でも農家に見学に行き、野菜にかける情熱と苦労を肌で感じ、少しでも企画に合わなければ出荷されない野菜を見てきた。「これを何とかしたい」と学生たちは奮起していろいろな商品を開発している。2011年は、「野菜白玉入りベジタブルポタージュスープ」を作った。2012年からはだるまの顔を書いた、高崎産のミニトマトを生地に練りこんだ「生だるま（高崎野菜ロールケーキ）」を洋菓子店「ウエイブ」とともに開発して、高崎アーバンホテルのレストランで提供する予定である。2013年は有機野菜を使った「野菜ふりかけ」を試作中である。

図表5-19　たかさき昼市運営のコンセプト

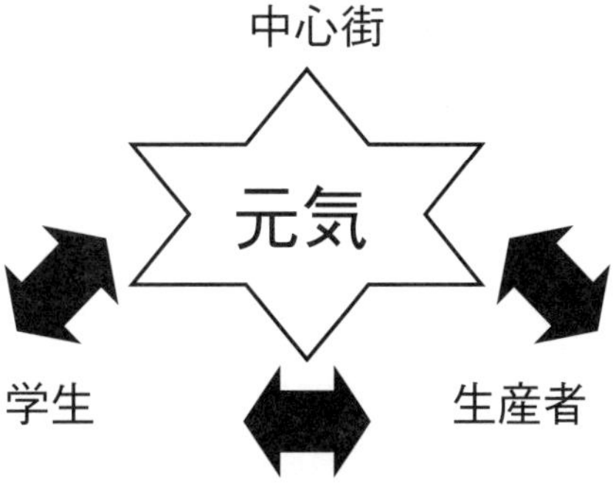

中心街／元気／学生／生産者

学生の元気!!　生産者の元気!!
中心街の元気

「たかさき昼市」を開催することにより、生産者の販売拠点の提供、中心市街地への集客、学生は産学協働事業を通じての社会体験をするなど、様々な効果が得られた。本事業は社会実験として事業年度中で終了する予定であったが、生産者、中心街の人々、学生それぞれからの継続の要望が強く、2010年3月より「たかさき昼市実行委員会」に主催を発展的に変えて、農業生産者、中心市街地商店街、大学の3者で話し合って運営することを決めた。今後は、開催を毎月継続することによるリピーターの確保を図っていきたい。

参加店舗を増やすとともに、来場者が楽しめるイベントを毎月開催できるように考えていきたい。商店街の店舗の中には、昼市に出店する店もでてきた。

学生の元気が、生産者の元気に伝わり、それが中心街の元気につながり、それを見た、学生、生産者、中心街がそれぞれさらに元気になっていく（図5-19）。このポジティブなスパイラルによって、今後も学生とともに、地産地消の発展、中心市街地の活性化に役立てていきたい。学生は必ずしも高崎や群馬の出身ではないが、縁があって高崎に暮らして、農家のため、中心市街地のた

めに、お客さんのために無償で知恵を出し、汗をかいて努力をしている。「昼市に来ると楽しいことがある」をテーマに、毎回趣向をこらした、手作りのイベントの開催を考えている。学生が中心となり、生産者、中心街の方々の協力を得て、今後も中心市街地の活性化、農業の活性化に役立てていきたい。

参考文献
1) 高崎商工会議所『商工たかさき』2009年5月号
2) 農林水産省：農林業センサス（速報値）2010年
3) 植木夏美・佐藤真波・鈴木遥「平成22年度高崎経済大学産業・組織心理学研究室卒業論文集」2010年

第6章 地方議会のイノベーション
―― 改革の実践と刷新の論理 ――

増田　正

要　旨

　2000年の地方分権一括法の施行以降、地方自治体が政策刷新を競う時代が到来した。地方分権改革期において、これまで最も遅れたランナーと見られてきた地方議会であるが、2006年に北海道栗山町の議会基本条例が制定されると、全国に議会改革という名のイノベーションが押し寄せるようになった。ここでは、議会改革の事例として、①北海道栗山町の議会基本条例、②大阪府大東市の夜間議会・土日議会、③茨城県取手市議会のひびきメール、の事例を取り上げ、改革の実践と刷新の論理について考察を進める。これら先進地に共通しているのは、改革への強いこだわりと継続への意思である。イノベーションを一過性のものに終わらせない姿勢が重要である。

【キーワード】
議会基本条例　ローカル・ガバナンス　地方分権一括法　議会改革　地方議員

1　はじめに

　2000年の地方分権一括法施行以降、我が国は名実ともに本格的な地方分権時代を迎えている。改革によって中央と地方の関係は、上下・主従から対等・協力の関係に置き換えられ、霞が関主導ではなく、本質的に地方発の改革が可

能となったとされる。いわば、地方分権一括法以降、国によるくびきが解かれ、地方が改革を競い合う時代が到来したのである。

　これまでも、地方議会は最初から国会の下請け機関ではなかったため、自由な発言ポジションを享受しており、自らの見解を鋭く情報発信することが原理的には可能であった。地方議会でなされた、国に向けた様々な意見書や決議は、そもそも国政や外交を守備範囲とする越権行為的なものが多かったにせよ、それらは政治的に自由な地方意思の明確な発露として、多元的な利益表出のチャンネルの一つとなっていた。

　地方議会はもともと国・地方の階層化とは無縁であり、内閣から各省庁を通じて系列化されている行政部局が法令による委任、必置規制、義務付け、枠付け、通達などによってがんじがらめにされているのと比べれば、国からの関与は相対的に小さかった。ただ自治体の事務の多くを占めていた旧機関委任事務に地方議会が原則関与できないことで、国から関与もされないが、望んでも関与もできないという、自由だが、取り立てて権限もないという中途半端な存在に堕していた側面はあるだろう。また、全国標準会議規則のように、国がひな形を示し、各地方議会がこれを積極的に模倣するといったタイプの国への追従が常態化し、そもそも自治体の自律的な議決機関であるべきという本質を忘れ、国と行政（首長部局）に隷属する議会になり下がっていたのは、まずは議会内部のプライドと日々の努力が確実に不足していたからであろう。

　旧来、地方議員の関心は、ほとんどが独自の政策形成志向には向かわず、議員という立場を利用しての、行政部局に対する特権的な関与や働きかけこそが重要視されていた。地方議会は外部から見えないことで、一部エリートの特権的な互助会と化し、無競争と惰性だけが支配する守旧的な組織に堕していたのである。

　2006年の北海道栗山町の議会基本条例の創設は、そうした地方議会のあり方に大きな一石を投じた。2000年のニセコ町まちづくり基本条例が直後に自治基本条例のブームを生みだしたように、栗山町議会基本条例もまた、町村発の一大ムーブメントとなった。北海道発の二つの基本条例は、中小自治体でも、

やる気さえあればフロントランナーになれるということを証明した。

　本章では、代議制民主主義の再生と地方議会のイノベーションを取り上げる。贔屓目に見積もっても、これまでの地方議会改革が代議制民主主義を再生させるほどに豊かな刷新内容や目を見張るほどの先進性を含んでいるとは、少なくとも現時点では言えまい。しかし、たとえ陽の当らない後背地ではあっても、各地の地方議会では、実験的で野心的な試みが少しずつ積み重ねられてきたことは事実である。そして、それらの試みの中には、定例会の回数制限の撤廃や通年制議会のように、我が国の地方自治構造に対して、その後非常に大きなインパクトを与えたものもある。

　本章で関係するアクターは、より直接的には地方議員、議会事務局職員である。しかし、二元代表制という地方自治の制度的本質を考えれば、行政側（長及び職員機構）も地方議会との恒常的な関係性を有しているし、地方議員が住民代表である以上、当然、住民も含まれよう。

　近年、とくに改革派首長が注目されている。しかし、多くの改革先進地では、改革派首長だけが活躍しているのではなく、これに呼応して、地方議会の側でも改革が進み、双方の活動がともに活発化するような好循環が生まれている。改革に最初に取り組んだのは首長であるか、地方議会であるかという違いはあるにせよ、二元代表機関の競い合いが、ローカル・ガバナンスの質的改善に与える影響は絶大である。時には外部から評価され、順位づけされることで、改革のモチベーションが生まれることもある。これまで、地域にさえ閉じた存在であった地方議会が、積極的な情報発信と情報公開を通じて、自己変革競争のなかに自らを引き込むような事例も確かに生まれている。

　評価もされなければ、特定の支持者以外には感謝もされない地方議会から、いきなりフロントランナーへと変貌し、各地からの視察もひっきりなしという飛躍は、ひとえに改革志向マインドとそれを結実させた具体的な成果だけがもたらし得るものである。そこは、あくまでエリートたる地方議員諸氏による内発的な動機こそが決定的に重要であり、外部から炊きつけて、無理に進めていく類の後ろ向きのものではないのである。

その改革事例は後発自治体に徐々に波及し、地方自治のパラダイム転換ともいうべき、地方議会刷新競争の大きなムーブメントを巻き起こし始めている。その典型的な事例が議会基本条例である。以下、栗山町議会基本条例の制定過程から観察してみよう。

2 地方議会のイノベーション

(1) 栗山町議会基本条例

時間的に先行したニセコ町まちづくり基本条例は、自治基本条例として知られている。自治基本条例がとくに最高法規性や住民の定義などを巡って、自治体内部の合意形成が必ずしも容易でないことに比べれば、議会版自治基本条例である議会基本条例の導入には表立っての軋轢や議員側の抵抗が少ない。

自治基本条例の対象とする範囲に地方議会を含むか、含まないかによって、自治基本条例を峻別する考え方がある。自治基本条例自体に絶対的な要件がある訳ではないから、自治基本条例の規定に地方議会を含めるか、含めないかは基本的にはその自治体の考え方次第であり、本質的には自由である。

神原勝は、二元代表制に即して、自治基本条例を行政基本条例と議会基本条例に峻別した[1]。自治基本条例の提唱者の一人である神原の問題意識は理解できるが、行政基本条例というあり方は北海道行政基本条例以外にはなく、この図式は実はあまり意味を持っていない。例えば、ニセコまちづくり基本条例は、平成17年の一部改正によって「議会の役割と責務」を本格的に条例に組み込んでしまっており、4年毎の見直しにより、徐々に内容的に充実してきている。そこには行政と議会の便宜的な棲み分けではなく、単一の規範の下でのマルチ・アクターの共生が図られているのである。

自治基本条例がバージョンアップを繰り返す中で、栗山町に始まった議会基本条例もまた、独自の進化と波及を遂げている。そして、二元代表制の名目がそれを後押ししている。とくに町村議会では議員数が少なく、会派制を採用し

ていないところが多いため、都市部の錯綜した利害関係を背景とした複数会派間の利害調整よりは、議会内部の合意形成が比較的容易である。意欲さえあれば、すぐに卓越した基本条例を作成することが可能なのである。

最初の議会基本条例である栗山町議会基本条例は、いわば中小町村議会発の刷新のモデル・ケースであり、金字塔である。栗山町の同条例はその後改正されているが、その初期モデルには強い規範性があり、後続の自治体にひな形として強い影響を与えているとする見解がある。

増田・深澤（2010）は、栗山モデルの規範性の実例として、制定後3年の段階で、前文の装備率が約95％に達すること、構成と条文数（21カ条）が後発団体と類似していることを挙げている。また、松島町、栃木市、名寄市、高千穂町、北栄町、京丹後市、新発田市、潮来市を栗山町と同一クラスターに分類している[2]。

図表6-1は栗山町議会改革の年表である。これを見ると、議会基本条例の制定に先行して、議会改革が存在していたことが分かる。2000年の地方分権一括法以来の自治体改革の流れの中で、地方議会改革が段階的に進み、その当面の集大成として議会基本条例の制定があったのである。条例の波及過程においては、後発自治体による先進自治体への模倣がある。しかし、フロントランナーの場合、そうした模倣は原理的に不可能であるから、小規模ではあるが、刷新的である内容を含む部分的な改革が積み重なり、実践を繰り返すことで、しばしば思いもよらない大きな飛躍へとつながっていくのである。栗山町のケースでは、議員発議による改革の積み重ねが、最終的には全国初の議会基本条例制定という稀にみる刷新をもたらしたのである。

条例へのアプローチとして、個別改革先行型か、条例先行型かという戦略上の問題がある。神原は個別改革先行型を想定しているようだが、時期尚早として最終的な判断は示してはいない[3]。どちらのアプローチも可能であるとしても、一体型、パッケージ型で基本条例と関係条例を整備した場合、改革を継続させていくことは難しいかもしれない。それは改革が完成形として示されると、体系性が邪魔をして微修正がしにくくなると考えられるからである。さらに、

図表6-1　栗山町議会改革の年表

年月	内容
2000年4月	地方分権一括法の施行
02年3月	情報公開条例を提案
6月	インターネット議会ライブ中継の運用開始
12月	政務調査費の交付に関する条例を議決（03年4月より運用） 議員定数を18名とする案を議決（03年4月より）
03年3月	一問一答制の採用と発言席の設置
11月	廃棄物の減量及び処理に関する条例を修正可決
04年1月	南空知3町合併協議会（法定協）の設置を議決
6月	議員定数を13名とする案を議決（07年4月より）
11月	合併協議が破たん
05年3月	議会報告会を実施（全国2例目）
5月	基本条例策定の準備作業に着手
06年3月	議会基本条例を議会運営委員会に中間報告
4月	議会報告会を実施、議会基本条例への意見聴取 議員研修会
5月	議会録画中継配信（VOD）の運用開始 議会基本条例の議決（同日施行）
6月	反問権の行使（町長、教育長）
11月	議会報告会（基本条約制定半年後）
07年3月	議会報告会
08年3月	議会基本条例の改正（4項目追加）

出典：橋場利勝・中尾修・神原勝（2008）『議会基本条例の展開』（表1, 6-7頁）から一部抜粋。

　達成感が更新のモチベーションを下げるという面もあるだろう。

　栗山町議会基本条例の場合、視察者が全国から大挙して押し寄せたため、自治体の知名度アップには想定を超えるほどのインパクトがあった。町議会はその流れをまちおこしにつなげるために、あれこれと知恵を絞っている。例えば、視察者の受け入れ回数や時間を制限したり、視察者に宿泊を要請したりするなどしている。

　栗山町議会基本条例の特徴は、同議会ホームページによれば、以下のとおりである。

- 町民や団体との意見交換のための議会主催による一般会議の設置
- 請願、陳情を町民からの政策提案として位置づけ
- 重要な議案に対する議員の態度（賛否）を公表
- 年1回の議会報告会の開催を義務化
- 議員の質問に対する町長や町職員の反問権の付与
- 政策形成過程に関する資料の提出を義務化
- 5項目にわたる議決事項の追加
- 議員相互間の自由討議の推進
- 政務調査費に関する透明性の確保
- 議員の政治倫理を明記　最高規範性、4年に1度の見直しを明記

（出所：栗山町議会ホームページ）

　同条例は、平成20年4月1日以降、合計5回改正されており、恒常的に見直しが図られている。定期的なメンテナンスは、条例への継続的な関心をつなぎとめるものであり、望ましいと考えられる。

　また、同条例16条には、有識者からなる議会サポーター制度が定められており、現在5名が委嘱されている。広瀬克哉（法政大学教授）、江藤俊昭（山梨学院大学教授）、神原勝（北海学園大学教授）、辻道雅宣（北海道地方自治研究所主任研究員）、中尾修（東京財団政策研究部研究員）の各氏である。それぞれ地方自治・地方議会研究の第一人者であり、名目的ではなく、実践的な知識のある適格者をそろえているようである。

　栗山町議会基本条例のインパクトは、彼らにとっても想像以上であり、視察者がひっきりなしに訪れ、むしろそれによって業務が阻害される恐れさえも生じた。橋場・中尾・神原（2008）によれば、2年で248団体、2081人が視察に訪れている[4]。道外からの参加者も多く、そのうちの4分の3、1,478人にも及んだ。町議会のみならず、全国の市議会、県議会からも視察が止まず、議会発刷新の強力な先導モデルであるといえよう。

(2) 大東市夜間議会・土日議会

　栗山町議会基本条例は、首位の最先端モデルとして各方面に抜群の集客力を誇った例であった。栗山町の先駆性に異議を唱えるものではないが、同条例以前にも、全国各地で先駆的な取り組みが進められてきたことも事実である。いわば個別の改革事例であり、その中にはいくつも注目すべきものがある。

　大東市議会は、土日曜議会、夜間議会を定例化している全国唯一の議会である。土日議会については、各地に20市前後の取り組み例が見られるが、平成22年は大東市議会しか例がない。

　平成21年には、大東市以外に小樽市、柏崎市、倉敷市があり、平成20年には小樽市、伊達市、大東市があった。さらに遡ってみると、夜間議会のメッカは、大東市のほかに、伊達市であったことがわかる。伊達市は平成16年それ以前から継続して夜間議会を実践してきたのだが、平成20年を最後に実施していない。全国市議会議長会の報告書では、平成15年以前については、夜間議会、土日議会の実施に関する調査項目がない[5]。

　夜間議会の実践例がなくなってきてしまっているのは、一定数の傍聴者数が確保できないからであろう。傍聴されない議会であれば、開き続ける意味がないからである。大東市は平成22年9月27日の夜間議会（定例会2日目）において、直前に15分間の議場コンサートを開催することで傍聴者を55人確保している。一般質問は4名（各会派から1名・各40分）であるから、まずまずの数字であろう。

　夜間議会の場合、審議が深夜にずれ込むことは、かえって傍聴者の利便性を損なうことになりかねない。大東市（平成22年9月27日）の例では、開催時間は18時～20時50分であり、15分間の議場コンサートを含めても3時間を少し超過する程度であった。

　大東市と同様に、伊達市もまた夜間議会の常連であったが、取りやめてしまった伊達市と、継続している大東市との違いは傍聴者数にある。夜間議会は市民の傍聴の利便性を高めることを目的としている。しかし、そもそも傍聴者が

図表 6-2　夜間・土日議会の傍聴者数

	夜間議会	土日議会
平成 16 年	伊達市（5名・7名）、鹿角市（27名）、大東市（74名）	24市33件
平成 17 年	伊達市（30名・7名）、大仙市（0名）、大東市（61名）	16市32件
平成 18 年	伊達市（3名・4名）、大東市（77名）	21市31件
平成 19 年	伊達市（12名・17名）、大東市（41名）、小松島市（21名）	14市25件
平成 20 年	小樽市（37名・34名）、伊達市（6名・16名）、大東市（25名）	16市27件
平成 21 年	小樽市（28名）、柏崎市（7名）、大東市（80名）、倉敷市（6名）	21市29件
平成 22 年	大東市（55名）	19市28件

出所：全国市議会議長会「市議会の活動に関する実態調査結果」。

訪れないとすれば、そのことは自己満足か、議員と議会事務局職員にいたずらに負担を強いる結果でしかなくなってしまうであろう。

伊達市は5年間（平成16年～20年）の都合10回の夜間議会において78名の傍聴者を得た。平均すれば1回につき8名を割っている。最終年の平成20年は22名、1回11名であるから、この人数では開催してもメリットがないと判断されてしまったのであろう。その近郊の自治体として、小樽市は平成21年まで開催していたが、伊達市に引っ張られるようにして、開催を取りやめてしまった。これは近隣自治体が取りやめたことで、制度廃止の口実を与えたことにもなり、自治体間のマイナス波及の例であろう。小樽市（平成20年～21年）の傍聴者数は3回99名（1回33名）であり、むしろ多い数に含まれる。

平成22年唯一の開催事例となってしまった大東市であるが、すぐにこの試みが無くなるとは考えにくい。たしかに平成20年の25名はやや危険水準である。しかし、翌21年には80名、22年には55名と持ち直している。過去6年間の傍聴者数は339名、1回56.5名であり、この水準を維持できれば、常設の夜間議会という「ブランド」を放棄することはないのではないか。

同市の平成23年9月22日（木）の夜間議会では、17時35分～20分程度の議場講演会が実施されている。4人編成の一般質問も、閉会予定の20時50分も固定しており、市民にとってはなじみ深い夜間議会の開催方法となっている。傍聴席は52席であるから、平均33名は妥当な人数であるかもしれない。仮に定員を超過した場合には、別室でのモニターテレビの視聴が可能である。

一方、土日議会については、14市～24市、毎年30件前後の実施例がある[6]。土日議会と総称されてはいるものの、多くは土曜日または日曜日のいずれかに実施されるもので、連続開催されることはあまりない。市制110周年記念事業として日曜議会を開催した高崎市（平成22年9月12日）の例もあれば、決議書を可決するためだけに招集され、傍聴者が存在しない雲仙市（平成22年12月18日）の例もあった。

　平成22年において、土日議会を複数回開催した自治体は、小金井市（2回）、杉並区（4回）、新座市（2回）、藤井寺市（2回）、篠山市（2回）、笠岡市（2回）、八女市（2回）であった。このうち、篠山市（3月20日・21日）、八女市（6月12日・13日）は土日連続開催であった。全19市28件の傍聴者数は1,529名、平均54.6名であった。夜間議会よりも概して傍聴者が多く、そのことが土日議会を継続させる根拠を与えている。土日議会の場合、毎年定期的に実施している定例的なものと、偶発的な案件を処理するために開催される臨時的なものがある。臨時招集の場合、極端に注目を集めるケース（加西市288名）もあれば、議会内部の都合による一方的な開催（雲仙市0名）であることもあるようだ。臨時会の場合、会の招集そのものが市民にはわかりにくいため、議会内部の手続きや単なるセレモニーに堕する危険性がある。その意味では、土日議会を開催するためには、定例化したわかりやすい日程や周到な広報が必要であろう。

　同様に、平成21年において、土日議会を複数回開催した自治体は、杉並区（3回）、甲府市（2回）、新座市（2回）、泉佐野市（3回）、八女市（2回）、大川市（2回）であった。このうち、甲府市（6月13日・14日）、泉佐野市（12月19日・20日）、八女市（6月13日・14日）、大川市（12月12日・13日）は土日連続開催であった。全21市29件の傍聴者数は989名、平均34.1名であった。平成21年の傍聴者が少ないのは、臨時会のそれが極端に少ないことにもよっている。臨時会を拾ってみれば、石巻市6名、知多市0名、笠岡市1名、柳川市0名、春日市1名であり、いずれも議会内の案件処理といった形式に近いとみてよいだろう。このように考えてくると、やはり土日議会の傍聴者数は、定

例性と日程の分かりやすさに依存していることがわかる。

　平成20年においてはどうだろうか。この年、土日議会を複数開催した自治体は、小金井市（2回）、杉並区（3回）、甲府市（2回）、中央市（3回）、新座市（3回）、寝屋川市（2回）、三次市（2回）、八女市（2回）であった。このうち、甲府市（3月8日・9日）、中央市（9月13日・14日）、寝屋川市（3月8日・9日）、八女市（6月14日・15日）は連続開催であった。全16市27件の傍聴者数は、1,438名、平均53.3名であった。

　これら3か年の経過を観察すると、やはり傍聴者数が少ない議会は、開催が取りやめられてしまう傾向が見いだせる。その危険水準は20名程度ではないか。たとえば、石巻市は平成21年には（臨時）6名、平成20年には19名であった。同様に中央市は平成20年のみ3回実施だが、30名、18名、17名と低迷し、翌年には廃止されている。また、三次市は平成19年6名、19名、5名、13名、平成20年の27名、14名を最後に廃止されている。議員定数や議場の規模は、当然自治体の規模に規定されるので、一律の数字には直接的な強い意味はない。しかし、傍聴者が20名を切るような状況下では、議場が閑散としているように感じられるだろうから、意欲的な試みも、必然的に廃止されていくのではないだろうか。

　このように考えてくると、議会の刷新とは、主権者たる住民を巻き込んでこそであることが自明となる。独りよがりの改革より、その改革が利便性を高めると市民が感じ、実際に利用してこそ初めて改革が完成する。3月に日曜議会、9月に夜間議会を定例的に開催している大東市は、わかりやすさを念頭に、市民の目線に立った議事日程の作成を行っているといえる。

　大東市は議会基本条例を制定しているばかりではなく、本会議・委員会審議におけるテレビ中継や会議録検索システムの導入も早かったとされる。情報公開条例以降、矢継ぎ早に議会改革を進めてきた姿勢は、栗山町のそれとも重なる点が多い。

(3) 取手市議会・ひびきメール

　ひびきメールは、取手市議会による議会広報・速報型メーリングサービスである。取手市はもともとこのシステムをもたなかったが、平成17年3月28日に隣接する藤代町と合併することによって、藤代町で平成15年3月議会から使われてきたシステムを引き継ぐことになった。編入合併された藤代町のシステムが取手市に引き継がれたことは、しばしば編入自治体側が根幹のシステムを変更しないことが多くみられる中で、議会改革の観点から非常に望ましいことである。

　保存されている旧データで確認する限り、旧藤代町のホームページは特段先進的とはいえない。そのようなシステム環境の中で、議会事務局によって即日配信のメーリングサービスが開始されたというのは非常に画期的であると評価できよう[7]。このシステムは、もともと議会事務局職員によって発案されたものとされ、表舞台の議員ではなく、議会の裏方が着想し、改善を図ったという点でユニークである。

　二元代表制の建前の下、議会事務局の人事は名目的に自立しているとされる。その中で、議会事務局一筋の職員が存在する場合も少なくないが、多くの職員にとって、議会事務局は本庁に復帰するための一時的な待機場所として認識されていることが多いと思われる。そのような組織内部で突出しないようにふるまいがちな組織文化の中で、議会改革を職員から発案し、それを自らが多大なる努力を払って維持していくという試みは、大変珍しいのではないか。しかも、記事によれば、審議終了後3時間以内に送信するというのであるから、驚くべきスピードである。

　千代田区議会では、議会のIT化という文脈の中で、やはり区議会メールマガジン（以下、メルマガ）を発刊している[8]。同メルマガの設置は、平成15年3月26日であり、ひびきメールと同時期の運用開始である。千代田区議会メルマガも、いまなお運用を継続しており、平成24年6月22日時点で、148号を数える。9年半で148号というのは、かなりハイペースであり、すっかり定

着していることがうかがえる。

　国政では政権によるメーリングサービスの活用は、小泉内閣時代にはじめられたものである。その後の野田政権でも、「官邸かわら版」（官邸オフィシャルブログの更新情報通知）として発展的に継続されたが、Twitter や facebook などの SNS がなかった時代に、政権初のメーリングサービスによる発信は、画期的な意味合いを帯びていた。何よりも、マス・メディアの独占する間接的な情報の垂れ流しから、有権者が政治と直接つながる形で、情報を受け取ることができるようになったからである。

　小泉内閣のメルマガは、平成 13 年 6 月 14 日に創刊第 1 号が発信され、平成18 年 9 月 21 日の 250 号まで継続した。ほぼ週 1 回の配信ペースであり、政権とともにあったともいえる。小泉内閣は平成 13 年 4 月 26 日〜平成 18 年 9 月26 日まで継続しており、ほぼ政権担当期間に相当する。

　一方の取手市議会であるが、メルマガ配信は継続しているものの、現在では、さらにより新しい手段への取り組みを行っている。たとえば、平成 23 年 7 月の臨時会以降、（無料動画コミュニケーションサイト）Ustream による本会議実況映像を試験配信している。また、Twitter アカウントによる情報発信にも取り組んでおり、有権者との双方向の情報のやり取りが可能となっている。平成24 年 8 月 14 日時点での取手市議会 Twitter アカウントのフォロワーは 257、ツイート数は 859 である。取手市では、自治体として Twitter アカウントを所有している。こちらの方は、フォロワーが 744、ツイート数 635 であり、議会よりやや関心を集めている。議会の発信内容はほぼ審議に関するものに限られるから、多様な情報を流す行政側のアカウントの方がフォロワーが多いのは普通のことである。

　設置時点で異色だった旧藤代町のメルマガは、Ustream、Twitter という形に進化を遂げており、これは取手市議会には改革の DNA が埋め込まれていることを示している。一職員の思い付きから始まった改革が、徐々に組織内の合意を獲得し、地方議員や市民による理解も手伝って、改革の連鎖を生み出している例である。

現在では、市議会のひびきメールも、市当局の広報メールも、平成22年7月1日以降、統一した新システムに統合化され、「取手市メールマガジン」及び（市議会）「ひびきメール」として、再スタートを切っている。これは、議会発の改革が行政側にも及んだ例でもあるだろう。

　なお、ひびきメールは、メール配信という特性上、市外在住者の登録も可能である。市内在住の情報弱者の場合、希望すればファックスでの情報提供もなされている。こちらのサービスは、市内者に限定されているものの、ファックス送信自体が余分なコスト負担を生み出すため、やむを得ないユーザー制限であるといえよう。

3　議会改革におけるイノベーションの発想

　これらの地方議会改革においては、イノベーションの発想はどこから招来したものであろうか。公共部門の場合、基本的な制度的枠組みは、政府によって決定されている。地方議会のイノベーションの適用範囲もまた、それらの枠組みに規定される。

　我が国においては、本格的な地方分権化時代を迎えたとはいえ、憲法、法律、政令などの上位の法令を無視することはできない。我が国の法体系がドイツ法的な秩序として構成されていることもあり、条例にも法律等の根拠法令を求める傾向がある。地方分権一括法以降、条例の自主制定権は大幅に拡充されていると解することができるが、ある地方自治体が新規のイノベーションを試みるには、直接的にしろ、間接的にしろ、国家制度という枠組みが大きくその行動原理を制約している。

　そうした制約の下で、地方自治体のイノベーションは、先駆的自治体から生じたものが、二番手自治体以降に引き写される中で改良され、全国に波及していくのである。しかし、任意のイノベーションを取り入れるかどうかは、法令によって強制される場合を除き、あくまで当該自治体の選択によっている。中でも、首長、議員などの政治・行政的アクターの関わりが最も大きい。

第6章　地方議会のイノベーション　115

　桑原（2008）は、政策革新に取り組む自治体の区分として、先駆（先進）自治体、居眠り自治体という従来の区分法を、前者を一番手自治体（先発組）と二番手自治体（次発組）、後者を後追い自治体（後発組）として対比的に再分類した[9]。本章が取り上げる3つのケースは、一番手自治体、二番手自治体のイノベーションである。桑原によれば、一番手自治体は、前例のない取り組みが称賛される一方で、「他団体の追随を許さないユニークな仕組みとなりがち」だとしている。一方で、二番手自治体は、「先発組の新政策の成果を効果的に比較検討することができ」、「熟度が高いために標準型として広範に普及する可能性が高くなる」としている。

　実際には、二番手自治体の中にも、名目的な採用もあれば、独特の工夫を施すチャレンジングな事例もあるため、中心的な部分では標準化が進むとともに、周辺的な部分では刷新の方向が多様化するケースも出てくる。引き写す側が独自性を加味しようとするとき、それはとくに一番手自治体のオリジナルモデルから時間的に離れるほど、特徴的になるはずである。そして、当然、一番手自治体自らも変容していくのである。

　議会基本条例の初期の波及において、増田・深澤（2010）は、制定後2年経過した時点で、栗山町の初期モデルによる規範性を観察している。これは一番手自治体の形式を真似る形で、二番手以降の自治体が改革のエッセンスを引き写すからだと推察できる。

　栗山町の事例では、北海道という継続的な地方自治研究の素地のあるところで、インターネット議会ライブ中継、一問一答制、議会報告会の実施など、できるところから段階的に小さな改革を進め、最終的に議会基本条例という一段高い目標に到達した「改革の積み重ね型」といえる。合併協議の破たんという逆境の中で、外部専門家からの助言を活かしながら、議員自らが先頭に立ち、全国初の議会基本条例を制定した功績は非常に大きい。栗山町の場合、現時点では自治基本条例は制定されておらず、この偉業は行政主導ではなく、議会内部で達成されたことがわかる。

　また、同条例に先立つこと5年、ニセコ町がまちづくり基本条例をいち早く

制定したことも、町村に自分たちもトップランナーになれるという希望を与え、条例制定を促したともいえる。実際、自治基本条例の波及は、議会基本条例よりも早く、範囲も広い。制定に尽力した逢坂誠二町長（当時）は、その後民主党に見いだされ、衆議院議員に転身した。地方発の改革が、いわば国政に及んだことの証であろう。

　大東市の事例では、継続への強いこだわりがキーワードであるかもしれない。土日議会、夜間議会という、傍聴者が大幅に増大するわけでもなく、コスト的には割に合わない試みを継続して実施しているのは、ついに大東市のみとなった。自治体の横並び主義は、イノベーションでも生じるが、事業の撤退でも生じるであろう。その意味では、土日議会、夜間議会を是が非でも維持しようとする姿勢は、こだわりと呼ぶにふさわしい。大東市は都市型自治体であり、サラリーマン層も多いであろうから、土日議会、夜間議会に対する需要はある。しかし、とくに夜間議会については、撤退する自治体が相次いでいる。都市部の自治体だからこそ、土日議会、夜間議会が開かれているという説明だけでは、誰もが納得できないはずである。

　本稿では、夜間議会の傍聴者数を制度のバロメーターと見ている。夜間議会からの撤退自治体の傍聴者数を見ると、すでに指摘したように、制度廃止への危険水準は20名程度ではないだろうか。例えば、議員1名につき傍聴者が1名もいないような状況が続けば、当然、制度継続への疑問が生じるであろう。大東市議会では、傍聴者が過去6年間の平均で56.5名であり、議員定数（17名）に比べれば十分に賑わっている。やはり地域住民の関心を引き付けられない地方議会の制度は、いくらその試みが住民の利便性を高めるものではあっても、長期的には退場せざるを得ない。

　但し、地方議会の傍聴者は、一部の質問や討論だけを傍聴することも多く、傍聴者数が賑わいの正しい唯一の指標というわけではないことに注意が必要である。大東市の場合、夜間議会の開催とコンサートや講演などの企画をタイアップさせることが多く、どの段階まで傍聴者が議場内にとどまっているのかは不明である。さりとて、地方自治の学校である地方議会において、傍聴者を効

果的に増加させようとする工夫はあってよい。

　取手市の場合、合併を契機として編入された自治体の制度を、旧称のひびきメールのまま取り込み、運用していることは柔軟な対応として称賛されてよい。1市1町の合併だったことで、十分に藤代町の制度に配慮した可能性があるが、仮に制度が廃止されていたとすれば、旧藤代町民にとっては利便性の低下につながったであろう。

　現在では、情報化がさらに進展したため、メルマガ自体は新規性を失っている。取手市議会では、UstreamやTwitterを取り入れ、情報発信力をいっそう強化しており、仮にひびきメールが廃止されたとしても、問題は少ないように感じられる。メールは受信できるが、ライブ中継が視聴できないという住民を探すことは困難だからである。それなりに知名度があり、定着している制度を廃止するのは、議会内部では難しいかもしれないが、購読者（登録者）数が伸び悩めば、廃止という可能性もあるのではないか。

　取手市では、議会発の情報発信に力を入れており、住民のアクセスを確保するため、今後も、議員と議会事務局が一丸となって、制度改革に取り組んでいくことが期待されるであろう。

4　おわりに──議会改革におけるイノベーションの鍵──

　ここまで、地方議会のイノベーションについて、栗山町、大東市、取手市の事例を中心に論考を進めてきた。地方自治の分野では、イノベーションという用語は一般的ではなく、改革という用語が好まれるが、ここではイノベーションと単なる（単発の）改革とは分けて考えることにしたい。

　地方自治は二元代表制であり、地方議会は地方における代議制民主主義の要諦である。住民によって公選されるということは、主権者が住民であることを示す。地方議会のイノベーションが、その他の領域と異なるのは、民主主義的な装置に関するイノベーションという点である。

　首長は巨大な職員機構を従える、準専門家集団に守られた民主的権力である。

独人制であるため、民主的正統性も強く、絶大な影響力を行使することができる。これに対して、地方議会は、名目的には二元制とはいうものの、首長に対して（特に政策提案能力という点で）恒常的に劣位におかれ、住民に選ばれた選良として、能力を十分に発揮してきたとは言い難かった。

　しかし、地方議会は、議員が複数存在するからこそ、多様な意見に耳を傾けることができるし、行政とは異なる視点（議会ルート）から、政策を再検討することが可能なのである。しかも、代議制民主主義にとって、議員は単なる市民利益の受動的な代弁者であればよいのではない。住民にとって身近な地方議員は、公職者としての権威を活用して、様々な利害のコーディネーターとして機能することが可能である。だとすれば、地方議員は、積極的に異なる住民と接触し、多様な意見を集めた結果として、行政ルートから抜け落ちがちな、きめ細やかで住民志向の提案をすることができるのではないか。地方議会にとっては、住民の要求や意見に対してセンシティブであることが、その存在理由を高めるのである。

　この点は、地方議会のイノベーションという点でも同様である。地方議会が第一に関心を置くべきは、対住民であるべきだろう。ここまで、地方議会改革の事例を見てきたが、それらに共通しているのは、議会の住民志向であり、首長との対立主義ではなかった。たしかに、首長が改革を進める自治体では、地方議会の改革も進むという相乗効果のようなものが生じている。しかし、それは良い意味でのライバル関係であって、地方議会の改革が独善的に進められたということはない。

　住民を巻き込み、住民とともに考える地方議会こそが、議会イノベーションの理想である。一般に、地方議会選挙には、ローカル・マニフェストが存在しない。そのため、地方議会選挙では、政策を軸とした解決法を提案していくことが難しくなる。近年、新しい民主主義のあり方として熟議が注目されている。議員が公約を掲げ、それを政権が追認するというタイプの民主主義観は、国政では主流ではあるが、今後、修正を迫られる余地がある。とりわけ、地方自治の現場では、例えば、地方議会で専門家や参考人を積極的に活用することで、

選挙のタイミングとは無関係に、懸案の問題を冷静に解決していくといった手法が今後さらに活用されるようになるであろう。地方議会は、見通しの良い公開のアリーナであればよく、最終的に権威を与える場として機能すればよいのである。地方議会は、地域住民や専門家の英知を集めて、公共政策を決定すればよいわけで、行政の考え方を追認するだけの議決機関に成り下がる必要はないだろう。

　国政の分野では、新しい民主主義の手法を取り入れる動きが加速している。例えば、フィシュキンの提唱する討論型世論調査（DP：deliberative poll）である[10]。熟議民主主義は必ずしも万能な解決法を提供するものではないが、従来の世論調査が調査項目と調査方法に規定された、ある時点での瞬間的な意見を問う単発の調査でしかないのに比べれば、それは無作為に抽出された市民が、専門家による説明と少人数での議論を繰り返す（討議フォーラム）ことで、どのように意見が変化していくのかを問う手法である。最近では、脱原発の議論の際に討論型世論調査の手法が使われたことは記憶に新しいであろう。すべての政府の決定は、原理的には民意を無視することができないのである。

　従来、地方自治の現場でも、市民参加はどちらかといえば、名目的であり、行政がお膳立てしたシナリオを追認するために、都合良く利用されてきた感がある。一部の市民会議の中には、先進的な事例が含まれているのは事実だが、行政が市民を隠れ蓑にしながら、自分たちのシナリオを押し付けているような場面もないわけではない。パブリック・コメント制度も、思うようには成果をあげてはいないものが多い。

　地方議会のイノベーションは、いかなる時に有効に機能するのであろうか。最後に本章の結論を述べ、総括とする。まず、議会内部の動機が必要である。議会を変えていこうという動機がなければ、部外者が近寄りがたい因習の支配する特殊社会を変えていくことはできない。次に、情報公開を活発にし、議会内部のルールをできるだけ可視化することである。限られた参加者だけが理解する掟に縛られた閉塞的な組織では、そもそもダイナミックに変容する可能性は乏しいからである。第三に、アクター間の競合性である。これには二つの競

合がある。まずは、二元代表制を背景とした、首長との政策提案や行政監視を通じての善良な統治の競合である。住民に役に立つのは、首長か議会かという善政競争と言い換えてもよい。第二の競合は、地方議会間競合である。全国の地方議会の情報が様々な視点から比較されるとき、地方議会ランキングが成立する。その情報は、各地方議会にフィードバックされ、結果として、よい循環が生じるであろう。そのようなランキングとしては、例えば、日経グローカル（2011）の『地方議会改革の実像』がある。地方議会はこうしたランキングを必要に応じて活用していけばよいのである。もちろん、ランキングには指標の選定と数値化において恣意性が避けられない。あくまで住民に資することが目的であり、ランキングの結果自体に過度に踊らされる必要はない。

　ここまで確認してきた先進事例に共通するのは、改革への強いこだわりと継続の意思である。これこそ、地方議会のイノベーションに貫徹する理念と哲学であり、そのことは後発団体が学ぶべき基本姿勢であることは疑いがない。

注

1) 神原勝「ニセコ町『基本条例』が開いた扉」『世界』2001年4月、37頁。
2) 増田正・深澤佑太（2010）「議会基本条例の構成と類型に関する統計分析」『地域政策研究』12-4、45-58頁。
3) 橋場利勝・中尾修・神原勝（2008）『議会基本条例の展開―その後の栗山町議会を検証する』北海道自治研ブックレット No.2、公人の友社、92頁。
4) 同上、12頁。
5) 全国市議会議長会「市議会の活動に関する実態調査」
   http://www.si-gichokai.jp/official/research/jittai22/
6) 同上。
7) 「議会改革リポート 変わるか地方議会(36) 議会の審議内容をメールで即日配信―茨城県藤代町議会」『ガバナンス』37、2004年5月、120-123頁。
8) 「議会改革リポート 変わるか地方議会(34) 「開かれた議会の徹底で、区民に身近な議会に―東京都千代田区議会」『ガバナンス』35、2004年3月、108-111頁。
9) 桑原英明（2008）「分権化時代に政策ディベートがなぜ必要か」桑原英明・永田尚三編著『自治体経営講座　政策ディベート入門』創開出版社、73-88頁。
10) DPについては、以下の文献を参照。ジェイムズ・S. フィシュキン（2011）

『人々の声が響きあうとき　熟議空間と民主主義』（曽根泰教監修・岩木貴子訳）早川書房。

参考文献

「議会改革リポート変わるか地方議会(27)　開かれた議会の充実に向け、着実に前進──大阪府大東市議会」『ガバナンス』28、2003年8月、106-109頁。

日経グローカル編（2011）『地方議会改革の実像──あなたのまちをランキング』日本経済新聞出版社。

増田正（2006）「地方議会への市民参加」『地域政策と市民参加』ぎょうせい、86-102頁。

増田正・深澤佑太（2010）「議会基本条例の構成と類型に関する統計分析」『地域政策研究』12-4、45-58頁。

栗山町議会 http://www.town.kuriyama.hokkaido.jp/gikai/activity/ordinance/index.html

全国市議会議長会「市議会の活動に関する実態調査」http://www.si-gichokai.jp/official/research/jittai22/

KeioDP 慶應義塾大学DP研究センター　http://keiodp.sfc.keio.ac.jp/

第7章　地方自治体における地域政策研究の
内部化と地域活性化
　　　　——東京都町田市を事例として——

中村　匡克

要　旨

　地方分権に向けた動きが加速する中で、自治体間競争も激しさを増してきている。特に、都市は地域の中心として、より大きな役割を果たすことが期待される。自治体には今、政策の企画・立案能力の向上が求められているのである。

　その方法のひとつに、地域政策研究の内部化に向けた取り組みがある。地域政策研究を実施する際、その研究内容について担当職員が深くコミットすることが重要である。このような取り組みは担当職員の能力向上だけでなく、自治体職員全体のスキルアップにつながるはずである。そして、その延長にこそ、地方自治体におけるより大きなイノベーションの可能性があるのではないだろうか。

【キーワード】

地方分権・地域主権、自治体間競争、地域政策研究の内部化、政策の企画・立案能力、官学連携

1　地域活性化に不可欠な地方自治体におけるイノベーション

　中心市街地の活性化や交通問題の解消、住環境の改善、防犯・防災の対策、環境問題への対応など、地方自治体は今日、人口減少や高齢化が進み、厳しい

財政運営を迫られる中でさまざまな問題に直面している。これらの問題を打開するためには集権型の意思決定から脱却し、分権型の意思決定へと移行する必要があると考えられる。近年では、地方分権や地域主権に関する議論がこれまでにも増して盛んに行われている。

国から都道府県あるいはそれらを再編した道や州へ、都道府県から合併によって人口や面積を拡大した市町村へ、多くの権限と税源が移譲されて分権型社会への移行が実現すれば、地域政策における地方自治体の裁量の余地は大幅に広がることになる。地方分権・地域主権によってもたらされる地域政策における新たな展開は、地方自治体が抱えるさまざまな問題を解決に導く上で欠かすことのできない重要なパラダイムシフトであると考えられる。

権限と税源の移譲が進めば、住民にもっとも身近な地方自治体である市町村はこれまで以上に重要な役割を担うことになる。いわずもがな、それは財政運営に関してもいっそう重い責任を負うということでもある。なかでも都市は、地域の行政・経済・社会・文化の中心として、特に重要な役割と責任を果たすことが期待されるであろう。それは、日本の市町村の多くが都市までの交通1時間圏[1]に立地しており、日本人のほとんどは都市と何らかの関係をもって生活していることからも明らかである。

しかしながら、分権型社会の中で繰り広げられる地方自治体間の競争（以下、自治体間競争）の中で、魅力的な都市として人々から支持を得ること、すなわち人々が買い物などで集まってきたり、住みたいと思うような都市になることは簡単なことではない。なぜなら自治体間競争は、隣接する限られた地域の広がり中でのみ起こっているとは限らないからである。新幹線をはじめとする鉄道網や高速道路網の整備が進み、LCC（Low-Cost Carrier：格安航空会社）が躍進する時代にあっては、同等規模の都市と都市が日本という国土の広がり中で、アジアやヨーロッパ、アメリカという国際的な広がりの中で、相互に競争している可能性も否定できない。

こうした背景の中で、地方自治体もこれまでのような行財政運営の方法から脱却し、変革していかなければならない時期にあると考えられる。たとえば、

激しく繰り広げられる自治体間競争に対応するためには、より高い地域政策[2]の立案・施行能力を身につけることが求められているといえよう。地方自治体は、今までにも増して効率的でありながら柔軟かつ大胆な行財政運営を進めていかなければならないのである。

このように考えてくれば、地方自治体おける地域政策研究に対する取り組みの変化は、地方自治体の行財政運営の方法の転換のひとつであり、地方自治体において観察されるイノベーションのひとつであるといってよいだろう。本章では、地方自治体におけるイノベーションのひとつとして、東京都町田市[3]における地域政策研究に対する近年の取り組みを事例として紹介する[4]。

町田市では政策経営部企画政策課を中心として、学術的視点を重視するとともに、統計的手法に裏付けられた地域政策研究の取り組みを加速させつつある。実感などのあいまいな感覚ではなく、データを用いた分析結果にもとづいて、より有効な地域政策の立案を目指そうとする町田市の取り組みは、分権型社会への移行をひかえた今日の地方自治体にとって重要なイノベーションとなる可能性がある。

確かに、地域政策研究に対する考え方や取り組みの変化は、小さなイノベーションであるといわざるを得ないかもしれない。しかし、このようなスタンスの変化は、その先にある地域政策の立案に少なからぬ影響を与えると考えられる。それは、地域活性化の成否にも関わってくるはずであり、地域政策そのものに大きな影響を与えるイノベーションへと発展する可能性を秘めているのではないだろうか。

本章の構成は次のとおりである。

第2節ではまず、地方自治体におけるイノベーションの事例として、東京都町田市における地域政策研究に関する2つの取り組みを紹介する。ひとつは、町田市の財政を均衡させる人口に関する研究であり、もうひとつは、鉄道延伸による町田市への影響に関する研究である。いずれの研究も学術的な視点と統計的な裏付けを重視したものであり、地方自治体の地域政策研究に対する取り組みにおいて生じたイノベーションのひとつであるといえる。その上で第3節

では、このイノベーションに対する評価を行う。このようなイノベーションが生じたきっかけについて考察するとともに、地域政策研究に対する考え方・取り組みの変化がもつ意義を地方自治体（住民）、大学等の研究機関あるいは研究者自身、さらには学生にとってのメリットの面から評価する一方、実施にあたっての注意点について述べる。そして第4節では、分権型社会への移行を踏まえた現在における、地方自治体による地域政策研究の方法とその展開の可能性について今後の展望と課題を述べたい。

2　地域政策研究への取り組みにみる地方自治体におけるイノベーション

　東京都町田市では近年、政策経営部企画政策課を中心に町田市の課題に対する基礎的あるいは応用的な地域政策研究を行ってきている。ここでは地域政策研究の事例として、A．町田市の財政を均衡させる人口に関する研究と、B．鉄道延伸による町田市への影響に関する研究について紹介したい。繰り返しになるが、いずれの研究も学術的な視点と統計的な裏付けを重視したものであり、地方自治体の地域政策研究に対する取り組みにおいて生じたイノベーションのひとつであると考えられる。

(1)　事例A：町田市の財政を均衡させる人口に関する研究

　町田市では2010年度、大学・研究室への研究委託という形で、将来にわたる町田市の人口ならびにその構成の変化に関する推計とその結果にもとづく財政収支の予測を実施している。事例Aとして、ここでは同研究の概要について紹介する。

■　研究の背景と目的

　日本の総人口は既にピークを迎え、国全体で見れば人口減少が始まっていることは周知の事実である。地域によっては1990年代には既に人口減少に直面していたが、今後は大都市圏でさえもこの問題に直面するといわれている。ま

た、高齢化や生産年齢人口の減少といった人口構成の変化も、国の政策のみならず、地方自治体の地域政策にも深刻な影響を与える問題となりつつある。

このような背景の中では、将来にわたって人口ならびにその構成の変化や財政収支の動向について地方自治体が的確に把握しておくことは重要である。しかしながら、市町村別の将来人口については国立社会保障・人口問題研究所から公表されているものの、市町村内の町丁目ごとあるいは町丁目のまとまりとしての地区ごと（以下、単に地区）の将来人口は公表されてない。

だが本来、地方自治体が地域政策について考えるにあたっては、地区ごとの将来人口ならびにその構成の変化に関する情報の方がむしろ重要なはずである。また当然のことながら、行政サービスの裏付けとなる資金調達や支出、すなわち財政収支についても把握しておくべきである。

■ 推計方法

将来にわたる人口ならびにその構成の推計には、コーホート要因法が用いられている（図表7-1）。コーホート要因法とは次のような推計方法である[5]。

基準となる年（時点）の人口に、生残率を掛け合わせて閉鎖人口を算出した上で、転出率と転入率を掛け合わせて開放人口を算出する。またこれと並行して、出産可能な年齢の女性人口と各年齢の出生率を掛け合わせて新生児数の閉鎖人口を算出し、先ほどと同様に生残率と転出率、転入率を掛け合わせて開放人口を推計する。そして、これらを合算するとともに、年齢を1年加算することによって将来（1年後）人口を推計する。なお、市町村において町別あるいはその集計としての地区別にこれを行う場合には、町間（あるいは地区間）の転入・転出などに関するデータを入手し、推計に加えなければならず、独自の工夫が求められることになる。

また、財政収支の予測については、歳入と歳出それぞれの内訳の項目ごとに町田市の将来人口あるいはその構成と関連付けて推計している。やはりこのとき、一般には公開されていない歳入と歳出それぞれの内訳の項目間のデータを入手・活用する必要がある。なお、経済成長など不確定な要素はあえて加えず、将来人口ならびにその構成の変化が財政に与える影響を明らかにして観察して

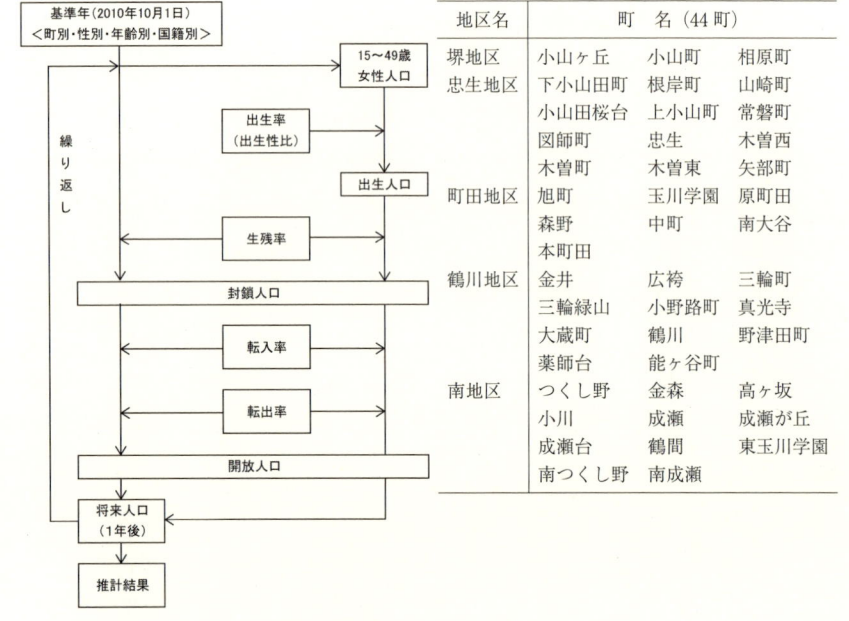

図表7-1 コーホート要因法による人口推計と推計における地区の分類

地区名	町　名（44町）		
堺地区	小山ヶ丘	小山町	相原町
忠生地区	下小山田町	根岸町	山崎町
	小山田桜台	上小山町	常磐町
	図師町	忠生	木曽西
	木曽町	木曽東	矢部町
町田地区	旭町	玉川学園	原町田
	森野	中町	南大谷
	本町田		
鶴川地区	金井	広袴	三輪町
	三輪緑山	小野路町	真光寺
	大蔵町	鶴川	野津田町
	薬師台	能ヶ谷町	
南地区	つくし野	金森	高ヶ坂
	小川	成瀬	成瀬が丘
	成瀬台	鶴間	東玉川学園
	南つくし野	南成瀬	

出所：黒川和美研究室（2011）をもとに筆者が加筆・修正。

いる。また、たとえば投資的経費のように裁量的に調整可能な項目については、最新年度の数値に固定して予測しているものもある。

■　推計結果

　町田市の将来人口は今後30年間、ほぼ横ばいか微増すると予想されている。これは、自然動態人口では減少（低い出生率と高齢化による死亡者数の増加）していくものの、社会動態人口が増加（転入人口＞転出人口）するためである。人口構成の変化についてみると、町田市でも高齢化の波は着実に押し寄せてくることも明らかにされている。

　地区ごとにみると将来人口は、町田地区や堺地区、鶴川地区では横ばいか増加するが、忠生地区や南地区では減少すると予想されている。もちろん、生産年齢・子育て世代の変化、高齢化の進展も明らかにされている。このことは、

各地区の将来人口ならびにその構成の変化に応じて、個別の地域政策の検討が必要であることを示唆している。

あわせて、町田市の財政収支（＝歳入－歳出）は、将来人口が横ばいから微増であることから安定的に推移することが示されている。ただし、人口構成の変化によって、たとえば生産年齢人口の増減や高齢化の進展によって歳入と歳出の各項目が影響を受けることから、（現在の歳出を前提とすると）財政収支が一時的にマイナスになることもあることが明らかにされている。

(2) 事例B：鉄道延伸による町田市への影響

町田市では2011年度、やはり大学・研究室への研究委託という形で、鉄道延伸による町田市への影響について検証している。事例Bとして、ここではその概要について紹介する。

■ 研究の背景と目的

近年、町田市を取り巻く周辺環境は大きく変化しており、それらの影響についてあらかじめ予測し、政策立案・施行に生かしていく必要がある。同研究では、①小田急多摩線の唐木田駅から相模原駅ならびに上溝駅までの延伸と、②多摩都市モノレール線の多摩センター駅から町田駅までの延伸という2つの前提のもと、町田市および周辺自治体が受ける次の3つの影響について検証している（図表7-2）。

［検証1］町田市および周辺自治体における既存駅および新駅の需要予測
［検証2］町田市および周辺自治体における既存駅および新駅周辺の商業への影響
［検証3］町田市および周辺自治体の地価への影響

検証結果ならびにそのプロセスでの発見をもとに、鉄道延伸によって町田市が受ける各種の影響についてあらかじめ把握し、その対策を検討することが目的である。

■ 分析方法

3つの検証を行うにあたって採用された分析方法の概要は、次のとおりであ

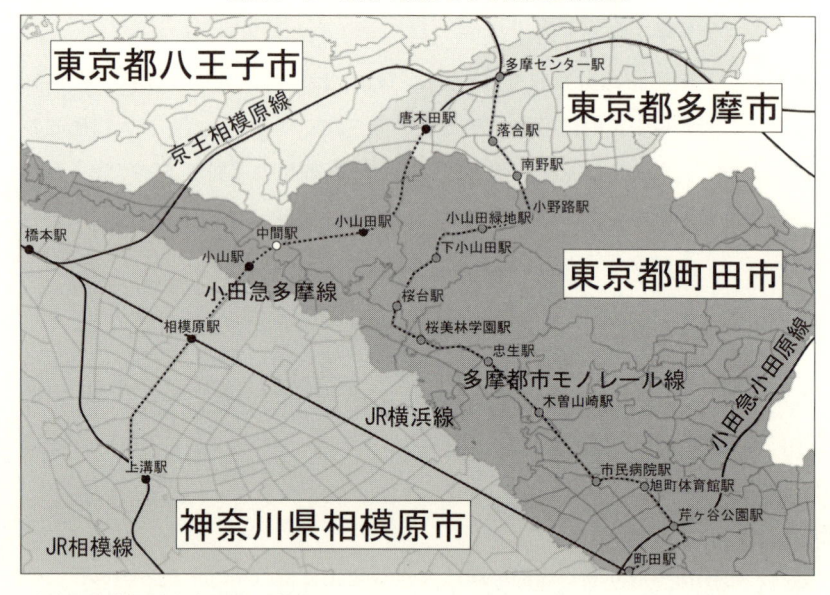

図表7-2　研究の前提となる鉄道延伸計画

出所：岡本義行研究室（2012）より抜粋。

る（図表7-3）。

　検証1の駅需要予測では、駅勢圏法[6]を用いて駅需要モデルを作成し、パラメーターの推定を行う。その上で、既存駅および小田急多摩線と多摩都市モノレール線の延伸によって設置される新駅の需要をシミュレーションによって予測する。検証2の駅前商業への影響では、年間商品販売額を表すモデルを作成し、パラメーターの推定を行う。その上で、既存駅および新駅の周辺における商業が受ける影響をシミュレーションによって予測する。検証3の地価への影響では、ヘドニック・アプローチを用いて地価関数を作成し、パラメーターの推定を行う。その上で、地価公示のポイントごとにシミュレーションを行い、地価への影響を検証する。

■　分析結果

　鉄道延伸によって新設される駅の需要は、小田急多摩線のように人口が存在

第7章 地方自治体における地域政策研究の内部化と地域活性化　131

図表7-3　研究の全体像と分析方法

【前　提】小田急多摩線の延伸（唐木田駅→相模原駅→上溝駅）
　　　　　多摩都市モノレール線の延伸（多摩センター駅→町田駅）

【検証1】町田市および周辺自治体の駅需要への影響（駅勢圏法）
第1段階　駅勢圏（ゾーン）の設定
第2段階　駅需要関数の推定
　　　　　駅需要＝f（駅周辺人口、人口構成、事業所・商業、駅特性等）
第3段階　シミュレーション

【検証2】町田市および周辺自治体の駅前商業への影響
第1段階　検証1と同じ駅勢圏の設定
第2段階　商業関数の推定
　　　　　駅前商業＝g（駅周辺人口、人口構成、駅需要、店舗面積等）
第3段階　シミュレーション

【検証3】町田市および周辺自治体の地価への影響（ヘドニック・アプローチ）
第1段階　地価関数（住宅地／商業地・工業地）の推定
　　　　　地価＝h（都心までの距離、最寄り駅までの距離、地価公示ポイント周辺環境　等）
第2段階　シミュレーション

注：岡本義行研究室（2012）をもとに筆者が加筆・修正。

する地区への延伸であれば一定の乗降客数を見込むことができるが、多摩都市モノレール線のように人口が存在しない地区への延伸ではほとんど乗降客数を見込めないことが示されている。今回の前提では、相模原市内に設置される駅は前者のケース、町田市内に設置される駅は後者のケースであることが多い。このことは、この地域における鉄道延伸という地域政策の考え方に大きな影響を与えることになるだろう。駅前商業についても、人口の存在や乗降客数に影響をうけることから同様のことがいえる。

　地価については、鉄道延伸に伴って最寄り駅や都心などへのアクセスが改善されることによって、地価の上昇が見込めることが示されている。ただし、小田急多摩線の延伸のうち、町田市内に新設される駅は各駅停車、相模原市内に新設される駅は急行等の停車が前提となっており、やはり相模原市内の地価に

大きな影響を与えることが示されている。なお、多摩都市モノレール線の走行速度は低いことから、町田市内における地価も上昇するとはいえ、その大きさは限定的であることも明らかにされている。

3 地方自治体におけるイノベーションに対する評価

(1) イノベーションのきっかけ

前節で紹介したような地域政策研究に対する取り組みが、東京都町田市において活発に行われてきた理由はいくつか考えられる。ここでは、その中でも重要なきっかけとして、地方自治体を取り巻く環境の変化という視点から論じることとする。

■ 人口減少社会の到来と高齢化の進展

ひとつは、首都圏に位置する町田市でさえも、少子化による人口減少と高齢化の進展という問題を避けて通れないという認識をもっているということにある。国立社会保障・人口問題研究所の推計によると、2005～10年には首都圏や関西圏の一部の都府県などを除いて既に人口減少には始まっていたが、その傾向は今後更に進み、2025～30年にはこれらの地域でも2％以上の人口減少に直面する可能性があることがわかる（図表7-4）。

将来に向けたこのような状況が明らかにされる中で、町田市としても将来にわたって人口ならびにその構成の変化について的確に把握し、政策立案に役立てようという意識の変革があったと考えられる。将来にわたる人口ならびにその構成の変化を地区別に把握することができれば、それは地域政策を考える上でもっとも基礎的な情報となることは間違いない。

将来の人口ならびにその構成の変化はもちろん、町田市の財政にも影響を与えると考えられる。町田市はもともと、地方交付税の交付を受けない不交付団体（～2009年度）であったものの、この時期に交付団体（2010年度～現在）に変わっている。将来における財政の不透明性も、将来人口とその構成が財政に与

図表 7-4　都道府県の将来推計人口（平成 14 年 3 月推計）

平成17(2005)〜平成22(2010)年
平成27(2015)〜平成32(2020)年
平成37(2025)〜平成42(2030)年

人口増加率
- □ 0%以上
- ▨ −2〜0%
- ■ 〜−2%

出所：国立社会保障・人口問題研究所（2002）より。
注：都道府県別の将来人口の変化がわかりやすい、平成14年3月推計の結果を掲載している。

える影響を予測する動機につながっているといえよう。

■　町田市周辺地域における自治体間競争の激化

　もうひとつは、地方分権・地域主権の議論が盛り上がりつつある中で、南多摩地域および神奈川県北部地域における自治体間競争も激しさを増してきていることがあげられる。町田市もその例外ではなく、激しさを増す自治体間競争を生き抜く上で、有効な政策を見出していかなければならなくなってきているといえる。

　町田市の西部に隣接している神奈川県相模原市は、八王子市から横浜市へ抜ける国道16号と海老名市や厚木市へ向かう129号という物流の大動脈を有し

ており、もともと製造業を中心とした産業立地の多い地域である。近年では、圏央自動車道の建設も進み、相模原 IC と相模原愛川 IC の設置も予定されている。これによって、南は東名高速道路、北は中央高速道路、さらには関越自動車道路や東北自動車道路などとつながり、物流の拠点として更なる発展が期待されている。また、JR 相模原駅東口に広がる米軍補給廠が一部返還されることに伴って、小田急多摩線の延伸も議論されているほか、リニア中央新幹線の中間駅構想も浮上しており、都市としての機能強化も期待されている。このほかにも相模原市は津久井郡 4 町を吸収合併し、政策立案・施行における自主性を高めるべく、2010 年 4 月 1 日に政令指定都市への移行を果たしている。

　町田市の西南部に目を向けると、小田急小田原線の海老名駅前には大型ショッピングモールが進出し賑わいを博している。これまで買い物などのために、JR 町田駅・小田急町田駅まで足を運んでいた人々の行動様式にも変化の兆しがみられる。

　このように近年、町田市を取り巻く環境は大きく変化してきており、交通結節点として、商業都市として、これまで栄えてきた町田市への影響は計り知れないものがある。このことは、事例 B で紹介した鉄道延伸が町田市に与える影響を人々の移動、商業、地価という視点から解明する動機になったと考えられる。

(2)　イノベーションに対する評価

　地方自治体はこれまでも、政策立案のプロセスにおいて大学・研究室や民間研究所等への研究委託を実施してきている。町田市も例外ではない。それでは、前節で紹介した事例は他の研究委託とはどこが異なっているのであろうか。また、このような取り組みを実施する際の注意点とは何であろうか。以下では、地域政策研究を内部化するメリットと注意点について述べることとする。

■　意　義

　地方自治体にとってのメリットとしては、次のような点をあげることができる。

前節で2つの事例を紹介するにあたり、統計的手法にもとづいた客観的視点から有効な地域政策を見出そうとする町田市の強い姿勢については既に述べてある。しかし、この取り組みを地方自治体におけるイノベーションとして取り上げる理由はそれだけではない。

　分権型社会の中で、激しい自治体間競争を勝ち抜くためには地方自治体の職員の能力向上は欠かせない。前節で紹介した町田市の事例では、研究の方法や成果について丸投げしてしまうのではなく、研究内容や研究プロセスに対して担当職員が深くコミットしている（しっかり理解して責任をもつ）という意味で、地域政策研究の内部化（研究委託ではあるが、担当職員自身も研究成果に対して大きく貢献）が実現できていることも特筆すべき点としてあげられる。単なる研究委託ではなく、担当職員が地域政策研究に対してしっかりコミットすることにより、分析の方法や結果といった研究内容まで踏み込んで改善の要求をしている。

　地方自治体では一般に、職員は一定の期間を経て他の部署へと移動することになるため、ノウハウの継続性といった心配はあるが、このことはむしろ前向きに捉えるべきだろう。地域政策研究に深く携わる職員が少しずつでも他の部署に移動し、新たな部署で活躍することは、地方自治体の職員全体のスキルアップにつながっていると考えられる。それはやがて、地域活性化に有効な地域政策として、すなわち大きなイノベーションとしていつの日か日の目をみることも期待できるのではないだろうか。

　ところで、地方自治体から大学・研究室や民間研究所等に研究委託を行う場合には、政策立案の方向性に対して何らかの意向が示されている場合がある。受託先によっては、地方自治体から示される暗黙の方向性に応えるための調査・研究を行うこともある。しかし、これは地域政策研究のあり方としては決して望ましくない。

　大学・研究室は、地方自治体からの研究委託による収益によって成り立っているわけではないことから、このような危惧は軽減されているのではないだろうか。もちろん大学・研究室といえども、次の研究委託を期待して地方自治体

の意向に沿った研究成果を提示する可能性は否定できない。しかし、研究成果のうち学術的価値の高い部分については学会等で報告することも想定されていれば、やはり事実に照らしあわせた研究成果をまとめる必要が生じてくるのである。

さらに、このようなスタイルで研究を行うことによって、地方自治体は大学・研究室と太いコネクションをもつことができる点も記しておくべきだろう。当該の研究委託のみならず、さまざまな部面において重要な示唆を受けるチャンスも得られるはずである。より専門性が高く、信頼できる大学・研究室を紹介してもらい、そこで新たな研究委託を実施することも可能になる。

一方、大学・研究室にとってもメリットがある。

個人研究費や科学研究費の配分が厳しくなっている中、地方自治体が抱えている課題について把握し、資金提供を受けつつ、地域政策への応用研究に取り組むことができる。学術的な視点からは理論研究も重要ではあるが、地域政策に直結する応用研究も今後は重要な仕事になるはずである。自治体職員と相互に議論する機会をもつことにより、新しいモノの考え方や取り組みとの出会いも期待できる。研究の本質は一般的法則を探すことに重きがおかれるので、研究成果の一部については論文等の形で公表することも可能であればよりいっそう魅力的である。

また、市町村合併が進み市町村の行政境界が大きくなった中では、市町村レベルのデータでさえももはやマクロのデータとなってしまっている。地方自治体と連携することにより、より詳細なデータの提供を受けることも可能となる。前節で紹介した事例Aでは、一般的に公表されていない町丁目の転出者数や転入者数、歳入と歳出の細かい項目に関するデータも活用している。データBでは、一般的に入手可能なデータを使用しているが、地理情報システム（GIS, Geographic Information System）も活用し、町田市および周辺自治体における駅周辺に関するデータを用いている。

さらに、大学院生や学部生の研究・分析能力の向上と奨学金も兼ねたオン・ザ・ジョブ・トレーニングとしても活用することができる。

■ 注意点

　注意点としては次のことがあげられる。

　このような形で、受託先である大学・研究室と委託している自治体職員とが相互にやり取りしながら研究成果の改善を進めるためには、担当職員自身もデータの所在や見方、自治体の現状把握、分析方法などに関して深い知識を有していることが求められる。自治体職員も研究内容に対してしっかりコミットしていないと、研究成果の意味するところをしっかり把握して、政策立案に活かすことができないだろう。

　また、研究機関であると同時に教育機関でもある大学・研究室に研究を委託するリスクもある。研究プロセスでは院生や学部生をアルバイト等で使用し、そのことが教育効果・奨学金的側面をもっていることは上述したが、社会の厳しさ、研究に対する姿勢を十分理解していない院生や学部生も実際には存在する。研究者であると同時に教育者でもある大学教員であれば、教育的な配慮からあえてこれらの学生を活用することもあるだろう。その結果、期日に間に合わなかったり、十分な質に達していなかったりするケースもある。教育的配慮を求められることは自治体職員としてはやっかいなことかもしれないが、このような付随するリスクについても理解した上で取り組みを進める必要がありそうだ。

4　今後の展望と課題

　本章では、地方自治体におけるイノベーションのひとつとして、東京都町田市の地域政策研究に対する取り組みを紹介・分析してきた。

　地方自治体による外部への研究委託は決してめずらしいことではないが、本章で紹介した事例では研究内容に対して担当職員が深くコミットしているという特徴があった。データや分析手法、その結果から読み取れることまで研究の細部について理解し、受託先と議論を交わしながら研究を遂行していくことで、地域政策研究の完成度を高められることは既に述べてある。そして、このこと

自体は決して大きなイノベーションであるとはいえないが、こうした姿勢の変化は地域政策そのものに重大な影響を与えることから、地方自治体が地域活性化をめざす上でも重要であると考えられた。

同時にこのような取り組みは、研究を委託する地方自治体と受託する大学・研究室の双方にとってメリットがあることも明らかである。地方自治体からすれば、深くコミットすることで研究内容の改善を図ることもできるし、こうした取り組みの積み重ねによって自治体職員の能力向上にもつながり、ひいては職員全体のレベルアップにもつながる可能性がある。一方、大学・研究室も、研究費や科学研究費が削減される中で研究資金を得ながら応用研究に取り組めたり、それを院生・学部生の教育の一環として活用したりできる。このように両者にとってメリットが生じていることは、持続可能性という視点からも意義があることはいうまでもない。

こうした取り組みに対する変化は、自治体間競争の激しい地域で先行して実施されていると考えられる。また、人的資源に恵まれた都市部の地方自治体でなければ難しい部分もあるかもしれない。東京都町田市ではこの２つの条件が整っているといえよう。しかし、地方分権・地域主権に向けた議論が活発化し、自治体間競争が激しさを増してきている。今後は首都圏以外の地方自治体にも、このような取り組みは波及していくのではないだろうか。

最後に、指摘しておくべき課題もある。本章で紹介した町田市の事例は、地域政策に対して担当職員が深くコミットしている点が特徴であると述べているように、本当の意味で地域政策研究の内部化が達成されているわけではない。研究テーマにもよるだろうが、委託に頼らず自治体職員自ら調査や分析も実施し、大学・研究室の役割はむしろその指導にあたる程度の、本当の意味での地域政策研究の内部化も検討の余地があるだろう。

しかしながら、自治体職員自らが地域政策の研究に取り組む姿勢をもつこと、あるいはそのような姿勢をもつ職員が増え全体的なレベルアップが進むことこそ、地方自治体において大きなイノベーションが生まれ、地方分権・地域主権の時代において求められる魅力ある地域政策の立案・施行につながると筆者は

信じている。

注

1) 道路または鉄道のネットワークを利用して、人口10万人以上の都市（東京23区は特別区）、人口10万人以上の都市が周辺にない場合には人口5万～10万人の都市、北海道は支庁所在都市を中心市に1時間以内で移動できる市町村の範囲のことを指す。国土交通省によると、日本の全人口のうち交通一時間圏がカバーする人口の割合は98.5%、面積の割合は85.3%であると試算されている。
2) 本章では、地方自治体の立案・施行する施策ならびに財政運営をまとめて、地域政策と呼ぶこととする。したがって、地方自治体の行財政運営と地域政策という言葉はほぼ同義のものとして使用している。
3) 町田市の人口は42万5千人である（2011年4月1日現在、外国人含む）。JR町田駅と小田急町田駅は、都心からも横浜駅からも電車で約30分のところに位置しており、多くの乗降客と乗り換え客が毎日行き来する交通の拠点でもある。両駅の周辺エリアには、ビジネスやショッピングのため多くの人々が行き交う街並みが広がっている。
4) 本章で紹介する2つの事例は、町田市と法政大学大学院政策創造研究科の黒川和美研究室と岡本義行研究室による受託研究であるが、これらの研究には筆者自身が研究の方向性ならびに分析、執筆まで深く関わっており、その経験をもとに記述している。
5) 市町村における地区別の将来人口推計の方法については、中村・多林（2012）で詳しく紹介されているので参照して欲しい。
6) 駅勢圏とは、駅を中心としてその駅に対する需要が一定以上存在する範囲をさす。駅勢圏法では、駅周辺の定められた範囲の各種情報を用いて駅需要関数を作成し、駅の乗降客数を予測する。

参考文献

岡本義行研究室（2012）「2011年度政策研究報告書　鉄道延伸による町田市への影響」町田市
黒川和美研究室（2011）「2010年度政策研究報告書　町田市の財政を均衡させる人口に関する研究」町田市
黒川和美（1997）『民優論―真に国民に優しいシステムとは何か？』PHP研究所
黒川和美（2002）『黒川和美の地域激論―日本の問題、地方の課題』ぎょうせい
国立社会保障・人口問題研究所（2002）「都道府県の将来推計人口（平成14年3月推

計）について」http://www.ipss.go.jp/pp-fuken/j/fuken2002/gaiyo02.asp（2012年9月18日確認）

国土交通省ウェブサイト「21世紀生活圏研究会」第1回研究会（配布資料4） http://www.mlit.go.jp/sogoseisaku/region/21seikatuken/01/04.pdf（2012年9月18日確認）

中村匡克（2013）「市町村における将来人口推計の手法と実際」『Discussion Paper Series』12-04 高崎経済大学地域政策学会

第8章　地域産業政策におけるイノベーション
——大阪府八尾市の取り組み——

河藤　佳彦

要　旨

　本稿では、地域産業政策の主体である地方自治体の革新的な取り組みを「イノベーション」として捉え、その先進事例として大阪府八尾市の取り組みを採り上げ、地域産業政策におけるイノベーションの意義と将来への可能性について展望する。

　八尾市は、効果的な施策を市民・事業者参加のもとで創出する「八尾市産業振興会議」を設置・運営するとともに、その施策を効果的に機能させるための人材活用を、「八尾市立中小企業サポートセンター」のコーディネーターにより実現した。また、政策の理念的支えとなる「八尾市中小企業地域経済振興基本条例」を制定した。地域の実情と中小企業のニーズに則し、地域の諸主体が参画する地域産業政策の推進が求められる。

【キーワード】

地域産業政策　八尾市産業振興会議　八尾市中小企業地域経済振興基本条例
八尾市立中小企業サポートセンター　コーディネーター

1　はじめに

　産業分野において「イノベーション」という言葉からは一般に、「技術革新」

や「経営革新」など、企業における革新的活動が想起される。しかし本章ではこの言葉を、地域産業政策の主体である地方自治体の革新的な取り組みとして捉える。地域産業が抱える課題の解決や再生・発展を促進する政策的手法は、今日でも確立されているとは言えない。そこで本章では、我が国における地域産業政策への先駆的な取り組み、すなわち「地域産業政策におけるイノベーション」の先進事例として評価できる大阪府八尾市（以下「八尾市」とする）の産業政策を採り上げ、その成功要因について分析する。それにより、地域産業政策におけるイノベーションの意義と将来への可能性について展望したい。

　筆者は、2006年8月、同年12月、2011年7月、2012年6月の4回にわたり、八尾市の産業政策に関する実地調査として、八尾市をはじめとする産業関係団体や中小企業へのインタビュー、資料収集、現地踏査などを実施した。その結果を基に以下考察を進める。

　八尾市は、大阪府の中央部東寄りに位置し、面積約41.7km²、人口約27万1,500人（2010年10月1日現在、国勢調査）である。西で大阪市に接しており、大阪市の中心部との距離は近い[1]。交通網を見ると、鉄道では日本近畿鉄道（八尾市域に7駅、他にケーブル線駅2駅）、JR西日本（同3駅）、地下鉄（同1駅）、幹線道路では近畿自動車道、大阪中央環状線が通っており、交通の便に大変恵まれている。

　八尾市の産業を見ると、大阪市の東部地域及び東大阪市と一体となって加工組立型産業分野を中心とした基盤技術産業の集積地を形成している。その構成分野は、金属工作機械・特殊産業用機械・ポンプ装置などの一般機械器具製造業に加え、ボルト・ナット・リベット・金属素形材製品などの金属製品、工業用プラスチック製品・プラスチック板・棒・管などのプラスチック製品製造業など、基盤技術と関連の深い分野が大きな割合を占めている[2]。その現状と特徴を、具体的な数値も踏まえ改めて確認する。

　①現状（2009年工業統計調査）：事業所数1,702カ所（従業者数4人以上）、従業員数32,334人、製造品出荷額等1兆1,304億4千万円

　②特徴[3]：分厚い基盤技術産業の集積（切削、鍛造、プレス、熱処理など）、全

写真1　近鉄八尾駅前　　　　　写真2　八尾市北木の本付近の工場集積

撮影：筆者（2012年6月18日）。　　　撮影：筆者（2012年6月18日）。

　国シェアの高い製品を有する企業（歯ブラシ全国1、ドア蝶番全国1など）、部品加工用機械の製造企業（工業用刃物・機械、高周波焼入れ機械、機械冶具など）、
　八尾市は全国有数の「ものづくりのまち」である。しかし、「ものづくりのまち」としての知名度は高くなく、また市民の認識も希薄であった。1990年代後半以降、八尾市はその刷新を図るべく、個性と優位性を伸ばし地域産業の発展を促進するための革新的な取り組みを積極的に進めた。八尾市は、産業政策を担う組織として、1998年度に「八尾市産業振興会議」（以下「産業振興会議」とする）を設置し、中小企業への支援施策の実践強化のため、2002年に「八尾市立中小企業サポートセンター」（設置時の呼称は「八尾市中小企業サポートセンター」。以下「中小企業サポートセンター」とする）を設置した。
　「産業振興会議」は、メンバーに地域の企業や関係団体、市民が加わり、地域の実情に叶った実効性の高い産業振興施策を打ち出し推進している。「中小企業サポートセンター」は、専門性を備えたコーディネーターを配置して地域中小企業への支援施策の有効性を高め、中小企業の新しい事業展開や連携を支えている。この2つの組織が牽引役を果たし、八尾市は「地域産業政策におけるイノベーション」を実現していると言える。

2 八尾市のものづくりの沿革と特色

　八尾市における産業形成の歴史について製造業（工業）を中心に、『八尾市史』（八尾市史編集委員会、1983）により概観する（西暦表記は筆者による）。

〔江戸時代〕産業は農業が中心であり、主として米・麦・綿・菜種を生産していた。取り分け大和川の付け替え以後の旧河床の畑地を中心に、収益性の高い綿作が普及した。八尾市の属する河内の国は全国屈指の綿作地帯であり、市域や東大阪市などの一帯は河内の綿作地帯の中心であった。

〔明治時代〕明治に入ってからも、しばらくは綿作の有利性はつづき、政府の奨励もあって盛んに作られた。しかし、輸入綿花・綿糸・綿織物の増加と我が国の近代紡績業の進展により、綿作は徐々に圧迫されるようになった。近代紡績業では輸入綿花で国産綿糸をつくり、この紡績糸で国産の綿織物をつくったのである。また米価の相対的上昇もあり、大正時代に入ると綿花作面積は急速に減少している。

　工業については、明治30年頃（1900年前後）には、タオル、雲斎又は厚司（織物）、紡績撚糸紡網、燐寸、刷子（ブラシ）、油、ボタン、メガネのガラスや縁などの工場がすでに散在して見られる。このように工業が立地した要因としては、市域の村から大阪市へはわずか3里（約12km）あまりの近さにあり道が整備されていたこと、長瀬川の舟運、大阪鉄道の開通（明治22〔1889〕年）など交通の便が良かったことが挙げられる。

〔大正時代〕第一次世界大戦の景気によって産業は発展・拡充し、近代産業としての基礎が築かれた。なお、大正13（1924）年には大軌電車（現近鉄）が開通し人口増加も進んだ。

〔昭和時代〕1931年の満州事変以降、第二次世界大戦に至るまでの間は、国において軍需産業の強化が図られる中、八尾市においては、機械・金属工業や歯刷子製造業が疎開してきた。第二次世界大戦後は、大阪経済の地盤沈下からの立ち直りのため、大阪府や市町村は積極的な工場誘致を進めた。八尾市が大阪

府の方針にそって工場誘致をはじめたのは、昭和 28（1953）年頃からである。そして、昭和 32（1957）年には「八尾市工場設置促進措置要綱」を制定している。

昭和 30 年代（1950 年代半ば）に高度経済成長期に入ると、企業進出が急速に増加する。これは工場誘致の努力の成果に加え、高度経済成長そのものがもたらしたものとも言える。すなわち、「成長のための工場の新設や拡張にあたって、大阪市内は地価騰貴と過密によってその余地がなく、大阪市周辺町村への拡散が非常な勢いで起こった結果である。本市は大阪市に接し、工場用地もあるということで、多くの工場が進出してきた」（八尾市史編集委員会、1983、pp.575-576）と分析している。

図表 8-1　八尾市の製造業の集積規模の変化

（単位：事業所数：事業所、従業者数：人）

	事業所数	従業者数
1988 年	2,559	44,800
1991 年	2,580	46,527
1994 年	2,488	45,004
1997 年	2,443	43,655
2000 年	2,369	40,680
2003 年	2,049	36,487
2006 年	1,875	35,018
2009 年	1,702	32,334

注：数値は全て従業者数 4 人以上の事業所に関するもの。
出典：経済産業省『工業統計調査（2000 年〜2009 年）』より作成。

近年の八尾市の製造業については、その集積の規模の変化を事業所数と従業者数で捉える（図表 8-1）。事業所数、従業者数ともに漸減傾向が続いており、1988 年と 2009 年を比較すると、事業所数で 33.5%、従業者数で 27.8%減少している。このような状況に歯止めをかけ、産業集積の維持発展を図ることは、「ものづくりのまち」を標榜する八尾市の地域活性化にとっては重要な課題であると言える。

一方、八尾市の製造業を産業集積として捉えると、その特色は「基盤技術産業集積」であると言える。

伊藤（2011）は基盤技術産業集積（伊藤は「基盤的技術産業集積」としている）の特徴について、専門化した加工業者が集積しているため、受注に対応するように、さまざまな加工業者が柔軟に編成されていき、また、同業者間で相互に外注する「横請け」もあるとする。さらに、それぞれの中小企業が専門化し、専門化によってさらに技術レベルが向上するという循環が形成され、そのこと

によって、特定の親企業との取引に制約されることなく独自の道を歩むことができるとして、そのメリットに「flexible specialization：柔軟な専門化」という言葉を当てはめている。

八尾市は、我が国の代表的な基盤技術産業集積である東大阪地域の一翼を担う地域である。東大阪地域の産業集積の特徴や意義については、湖中（1995）、大西（1999）、植田（2000）、鎌倉（2002）など多数の研究蓄積がある。その多くが、この地域の産業集積の幅と厚み、多様性と柔軟性などの特徴を積極的に評価するとともに、近年の集積の縮小について危機感を持ち、その対応の必要性を訴えている。

八尾市における近年の産業政策の動向については、植田（2005）が詳しく紹介している。植田は、地方自治体における地域産業振興への取り組みの拡がりを、東京の墨田区や大田区をはじめとする各地方自治体の中小企業振興基本条例の系譜をベースとして鳥瞰したうえで、2001年に「八尾市中小企業地域経済振興基本条例」を制定し、積極的な取り組みを展開して全国的にも注目されるようになった八尾市の産業政策について実態分析を行っている。そしてその特徴として、①先進都市の経験の有効な利用、②産業振興会議など市民や地元企業の意見を反映した取り組み、③中小企業の視点に立った中小企業サポートセンターの事業、④多様なメニュー、多様な手法の活用、⑤職員の積極的で前向きな姿勢などを挙げて高く評価している。

八尾市では、その産業集積の重要性について市自身が再認識するようになったのは、植田も指摘するように1990年代後半になってからのことである。その後、短期間に数多くの政策実績を上げている。八尾市の産業政策の取り組みを具体的に分析することにより、地域産業政策について多くの指針が得られるものと期待される。

3　八尾市の産業政策

八尾市の産業政策の基本的な取り組み方針は、八尾市第5次総合計画「やお

総合計画 2020：基本構想・前期（目標別計画）」（2011 年 2 月策定、基本構想 10 年、基本計画 5 年）の基本計画（目標 4）において、「産業政策を活かした『まちづくり』の推進」として次のような趣旨が示されている。

　現状と課題：少子高齢化、価値観や文化の多様性など、産業を取り巻く環境は大きく変化している。この外部環境変化から生じる課題に適応しチャンスとして活かすために、「まちづくり」全体から産業の課題を捉える、産業の活性化を「まちづくり」に活かすという双方向に視点が必要である。

　めざす暮らしの姿：産業がまちづくりに果たす役割が市民に広く理解され、事業者、市民、行政などの協働により、産業の発展とまちの活性化が図られている。

　基本方針：産業振興会議からの提言を踏まえた産業振興施策の展開を図るとともに、商工振興拠点施設による産業支援機能の充実、中小企業振興の推進に努める。

　八尾市は 2001 年 4 月 1 日に「八尾市中小企業地域経済振興基本条例」を制定し、同時に第 4 次総合計画を策定している。八尾市が産業振興政策を本格的に展開し始める契機となったのがこの条例の制定である。同条例は「地域産業の栄えるにぎわいのあるまち」をめざし、次の 4 つの基本的施策（方向性）を示している。①産業集積の基盤を強化するための施策、②産業集積の高度化を推進するための施策、③産業集積のネットワークを強化するための施策、④生活と産業が共存し高め合うまちづくり推進のための施策である。そして、その実現のために多様な取り組みや具体的な施策が展開されてきた。同条例に基づき 2011 年度に実施された産業政策を概観する[4]。

(1)　ものづくり集積奨励金

事業目的：工場の立地促進、工業集積地域での円滑な生産活動を確保する。
対象者：製造業を営む者
対象事業：延床面積 500㎡以上の工場等の建築又は購入
対象地域：工業専用地域、工業地域、準工業地域

奨励金額：対象資産にかかる固定資産税、都市計画税の１／２以内
交付期間：5年以内
事業実績：制度創設〔2007年度〕～2011年度 指定事業数42件、交付件数実績28件

(2) 中小企業サポートセンター事業

事業目的：中小製造業の研究・技術開発、製品開発、経営革新、人材確保・育成、販路開拓支援などの相談窓口を設置し、大学・公的支援機関への橋渡し、公的支援制度の紹介や企業間連携を図りながら、中小製造業の様々な課題解決に向けたサポートを行う。

事業内容（2011年度事業実績）：①相談事業：専門のコーディネーターによる相談・アドバイス（914件）、国・大阪府による支援事業の採択・認定等のサポート、ビジネスマッチング支援、②セミナー開催事業（92社、123名）、③産学連携・研究会活動事業など：「八尾バリテク研究会」活動支援、国立奈良工業高等専門学校との産学連携支援など、④インキュベーション事業：起業支援設置施設（個室3室、共同利用室8区画〔個室2室使用〕）

(3) 「ものづくりのまち・八尾」ブランド化推進事業

1) 企業情報データベース化事業（八尾ものづくりネット）

事業目的：八尾市内企業の詳細なデータを行政情報として保有することにより、市内企業の経営課題や経営実態を十分に踏まえた適切な行政施策を展開する。また、企業情報をインターネットで発信、自由に検索できる仕組みづくりを行うことにより、新製品の開発や取引の拡大など、市域企業の経営に役立てる。

事業内容：1999年度に、登録事業所の公開情報について、ホームページで発信を開始。その後、2001年度に「異業種交流グループデータベース」、2002年度に「ものづくり見本市」の発信を開始した。2009年度には「八尾市企業情報データベース」の再構築を含めリニューアルを実施。2010年度は、

英語版データベースの構築と新コンテンツ「八尾を拠点に頑張るものづくり企業」の掲載を行った。また2011年度は、新コンテンツ「動画配信機能」の導入および「環境」をキーワードとした企業紹介コンテンツを作成した。

事業実績：登録事業所数等　製造業者957社、アクセス件数（単年度累計）：370,074件（2012年3月31日現在）

2）産業PR事業

事業目的：八尾商工会議所との共同により、産業PR事業を実施する。

事業実績：①産業情報誌の作成　A4版：16ページ、3万部、②産業PR用のDVD作成　顕彰企業（9社）の動画作成

(4) 商業ネットワーク化支援事業（八尾あきんどOn-Doネット）

事業目的：商業者と消費者をつなぐ情報基盤を整備することで、市内および周辺地域からの市民の購買機会や交流機会を促進し、豊かな消費生活をめざす。

事業内容：2002年度に商業者の情報発信を開始、2003年度にバーチャルモールを設置した。さらに2006年度には新規コンテンツ「うまいで！食べてや！八尾特産物！」、2008年度には「商店街・市場マップ」、「マンスリーこれどやっ！」を設置した。

事業実績：登録事業所数（2012年3月31日現在）：1,060件、月間平均アクセス数：(2011年4月～2012年1月)：28,194件

(5) 異業種交流グループ等新製品・新技術開発支援事業

事業目的：「ものづくりのまち・八尾」のブランド化の推進が期待できる新製品や新技術の研究開発を行う事業に要する経費の一部を助成する。

補助対象：製造業事業者（中小企業）で組織する協同組合、研究会、グループ等でその構成員のうち2分の1以上が八尾市内に主たる事業所または支店等を有すること

補助率及び補助金の額：補助対象経費の2分の1以内で1事業所あたり100万円を限度とする。
事業実績：申請1件（計1,000,000円）、採択1件（1,000,000円、実績630,000円）

以上の事業のほかにも2011年度事業には、「ビジネスマッチング博（産業博）：関西三都ビジネスフェア（大阪・兵庫・京都）」、「提案公募型八尾市商業まちづくり推進事業」、「地域商業活性化事業補助金」、「八尾商業まつり・商店街等にぎわい創出事業（八尾商工会議所との共同事業）」、「地域通貨活用による地域活性化促進事業」などがある。

さらに、2012年6月18日に実施したインタビュー調査によると、2012年度には次のように新たな取り組みを始めているという。

①機械要素技術展への共同出展（2012年6月20日～22日、東京ビッグサイト）：八尾市、八尾商工会議所、八尾市内企業9社で共同出展する。国内最大規模の展示会に出展することにより、八尾市・同市内企業の情報発信とビジネスマッチング支援を行う。
②事業者向け産業情報ポータルサイトの運用（2012年4月運用開始）：八尾市内の事業者を対象に、融資制度や助成金などの支援施策を中心とした様々な情報を分かりやすく提供する。また併せて、商工振興拠点施設（八尾市と八尾商工会議所の合築施設）において実施している様々な支援をPRし、施設の活用促進を図る。
③教育委員会との連携による取り組み：産業教育映像DVDを小・中学校に配布し社会科の授業等での活用促進を図る。また、八尾市教育委員会主催事業として、「『八尾っ子』夢実現プロジェクト」を実施する。このプロジェクトは、八尾市内在住の小学生から「働くロボット」のデザイン・機能・名前を募集し、審査のうえ優秀作品を本物のロボットとして製造する「子ども夢実

現プロジェクト」、地域の企業グループや大学と連携して小学校への「ものづくり出前教室」を実施する「小さなロボット博」、八尾市内の中学校の科学部・技術部等を対象として実施するロボット・プログラミングの「ロボット連続教室」の成果発表の場としての「八尾ロボットコンテストジュニア大会」で構成されている。教育委員会による地域産業に関係する教育への主体的な取り組みは、全国的にも珍しいという。

このように八尾市では、1998年の「産業振興会議」の設置および2001年の「八尾市中小企業地域経済振興基本条例」の制定を契機として、急速に地域産業政策の成果を生み出しており、さらにノウハウの蓄積により更なる発展に向かっていると言える。そして、これらの事業展開を強力に推し進めるうえで重要な役割を担っているのが、政策面の推進主体となる「産業振興会議」と事業実施面での推進主体となる「中小企業サポートセンター」である。以下、その具体的な内容について確認する。

4　産業振興会議

八尾市の産業政策の推進において中心的な役割を担ってきたのは、1998年度に設置された「産業振興会議」である。そのメンバーは、学識経験者、国・大阪府職員、地域企業（商業・工業）、地域商業・消費者関係団体、公募委員によって構成されている。

産業振興会議は、これまで一貫して「産業集積」に関する施策提言を打ち出し、提言を具体化した事業を推進する役割を担ってきた。企業情報データベースや産業情報誌の発刊、中小企業振興の基本理念を明らかにした「八尾市中小企業地域経済振興基本条例」の制定（2001年4月施行）、中小企業の総合的な相談窓口である「中小企業サポートセンター」の設置など、八尾市の産業振興施策の主なものは、産業振興会議の提言に基づくものである（図表8-2）[5]。

産業振興会議設置（1998年）以降の主な産業振興施策を（図表8-3）に示す。

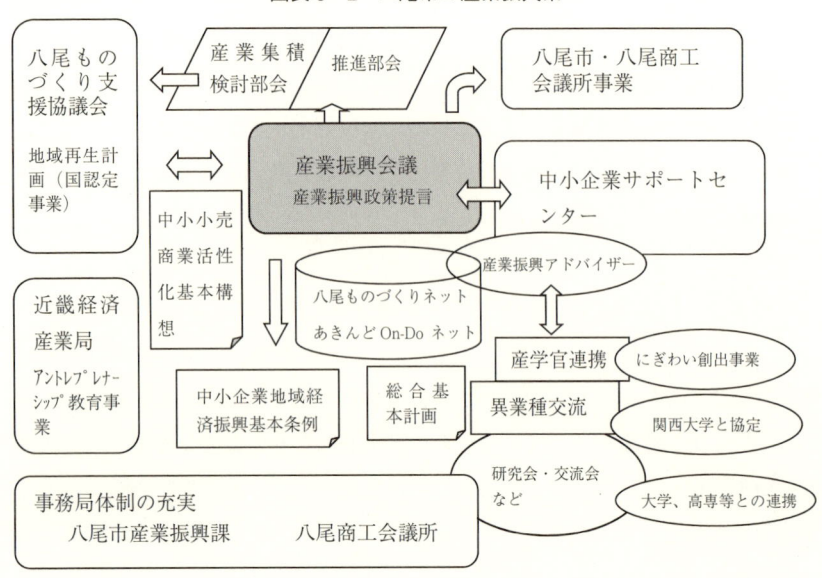

図表 8-2　八尾市の産業振興策

（図表省略：八尾ものづくり支援協議会、地域再生計画（国認定事業）、近畿経済産業局 アントレプレナーシップ教育事業、事務局体制の充実 八尾市産業振興課 八尾商工会議所、産業集積検討部会、推進部会、中小小売商業活性化基本構想、産業振興会議 産業振興政策提言、八尾ものづくりネット あきんど On-Do ネット、中小企業地域経済振興基本条例、総合基本計画、八尾市・八尾商工会議所事業、中小企業サポートセンター、産業振興アドバイザー、産学官連携、異業種交流、研究会・交流会など、にぎわい創出事業、関西大学と協定、大学、高専等との連携）

注1：八尾ものづくり支援協議会により取り組まれている地域再生計画は、「ものづくりのまち・八尾担い手育成計画」である。
注2：「産業振興アドバイザー」は、中小企業サポートセンターでは「コーディネーター」として位置付けられている。
出典：八尾市資料「八尾市の産業振興策フロー図」（1998 年 5 月から 2005 年 5 月。2010 年 3 月に一部加筆）より作成。

そのなかで、最近の産業振興会議による特に重要な活動成果として、「八尾市中小企業地域経済振興基本条例」の改正に関する「中小企業地域経済振興基本条例検討部会」の提言「中小企業地域経済振興基本条例について」(2010 年 10 月) と「情報発信部会」の提言「今後の産業情報の発信」(2011 年 10 月) を挙げることができる。以下、この 2 つの成果について概観する。

(1)　「八尾市中小企業地域経済振興基本条例」の改正に関する提言[6]

「八尾市中小企業地域経済振興基本条例」は、1999 年 3 月市議会において「政府・大阪府に地域経済振興対策の充実を、八尾市に基本条例制定を求める決議」が全会一致で可決されたことに遡る。一方、国においては 1999 年 12 月に中小企業基本法が改正され、同法第 6 条において「地方公共団体は、その地

図表 8-3　産業振興会議設置（1998 年度）以降の主な産業振興施策

- 企業情報データベース化事業（八尾ものづくりネット）（1999 年度～）
- 八尾市中小企業地域経済振興基本条例制定（2001 年度～）
- 八尾市中小企業サポートセンター設置（2002 年度～）
- 八尾ものづくり受注商談会開催（2002 年度～2009 年度）
- ビジネスマッチング博開催（2002 年度～）
- 商業ネットワーク化支援事業（八尾あきんど On-Do ネット）（2002 年度～）
- "ものづくりのまち・八尾"ブランド化推進事業（2004 年度～）
- アントレプレナーシップ教育事業（2004 年度～2006 年度）
- 地域再生計画「ものづくりのまち・八尾担い手育成計画」（2004 年度～2006 年度）
- 異業種交流グループ等の研究・開発への助成制度の創設（2004 年度～）
- 八尾市中小企業サポートセンター機能拡充・移設（2006 年度）
- 八尾市ワークサポートセンターの開設（2007 年度～）
- 八尾市ものづくり集積促進奨励金制度（2007 年度～）
- 八尾市中小企業地域経済振興功績者顕彰制度の創設（2007 年度～）
- 産業政策アドバイザーの設置（2008 年度～）
- ものづくり人材育成事業（2008 年度～）
- 地域商業活性化アドバイザーの設置（2009 年度～）
- 公募提案型地域商業活性化事業の創設（2009 年度～）
- 地域商品券の発行（2009 年度）
- 八尾市中小企業地域経済振興基本条例改正（2011 年度～）

出典：八尾市産業振興会議「平成 23 年度 八尾市産業振興会議―報告書―」（2012 年 3 月）。

域に応じた中小企業振興施策を策定・実施する責務がある」旨の規定がなされた。これらの流れを受け、産業振興会議において中小企業基本条例の制定に向けた検討が行われ、2001 年に「八尾市中小企業地域経済振興基本条例」が制定された。

　条例の意義・成果としては、次のような点を挙げることができる。①行政、市民、事業者それぞれの役割・責務が明確化され、「地域産業の栄えるにぎわいのあるまちづくり」を目指し、市全体として一体的に取り組む方針が示された。②条例に示された基本施策と市の総合計画の施策体系との整合性を図ることで、市の産業政策の大きな方向性を示すものとなっている。③施策体系に基づき産業振興会議から施策提言がなされ、産業振興施策が実現されるという流れが確立した。前述のとおり、多様な施策展開がなされ、八尾市の中小企業振興が大きく前進したと言える。

　しかし、条例制定から約 9 年間が経過する中で社会経済情勢は大きく変化し

た。産業振興会議は「中小企業地域経済振興基本条例検討部会」を設置して検討を重ね、条例改正に向け、次の①〜④を踏まえた提言をまとめた。① IT 技術の進展、経済のグローバル化、世界同時不況の残存影響など経済環境の変化、②企業市民としての義務、とりわけ地球環境問題への対応という CSR（企業の社会的責任）の重要性の高まり、③技術やノウハウの伝承、産業集積の維持などのための後継者育成の必要性、④まちづくりを含めた都市政策と産業政策との融合など、産業政策と他分野における政策とを融合した、総合的な政策の実施の必要性。

八尾市ではこの提言を受け、2011 年 7 月に条例の改正を実施しており、産業振興会議の役割の重要性を確認する業績であると言える。

(2) 「今後の産業情報の発信」に関する提言[7]

八尾市では 1999 年度より、企業情報データベース事業や商業ネットワーク化支援事業など数々のサイトやコンテンツを立ち上げ産業振興を図ってきたが、産業振興会議は産業情報の発信力がなお不足しているとの見解を示した。そもそも、八尾市が有する地域・産業・文化などの魅力を、そこに暮らす市民はもとより事業者も十分に認知していないことが、八尾市の産業情報の発信力不足の要因であるとして、情報発信の方向性と方法について再検討することを目的に、「八尾市産業振興会議情報発信部会」が設置された。

2011 年 10 月にまとめられたこの部会の報告書の中で、産業情報発信についての提案は、次のような構成になっている。
1) 産業情報の発信の実施にあたっての方向性・留意点
　①発信の対象及び目的の明確化、②発信情報の整理、③適切なツールの選択
2) 市内（市民、市内事業者）に向けた産業情報の発信
　①市民に向けた情報発信、②市内事業者に向けた情報発信
3) 市外に向けた産業情報の発信
　①マスコミの活用、②八尾の逸品・名品の発信、③「メイドインやお」の発信、④その他の情報発信のためのツール（ツイッター、フェイスブック、また観光

大使のような人を基軸とした発信など）

4）八尾市中小企業地域経済振興基本条例の理念の周知
　①条例の理念の周知の重要性、②周知の方法（発信のためのツールや手法の検討、子どもや女性など発信力の高い対象の選択、条例の理念浸透の進行状況の確認など）

　こうした提案を踏まえ当報告書は、産業情報の発信と拡大の原動力となるのは「人」であることを強調している。また、産業情報の発信によるまちの活性化に向けた市民、事業者及び行政がそれぞれの立場で共に発信に取り組むことの重要性を指摘している。そして報告書の最後を、「それぞれの立場と役割による、人と人とのつながりの中での情報発信こそが、八尾市中小企業地域経済振興基本条例の理念である相互理解の深まりや、地域産業の栄える賑わいのあるまちづくりの実現につながっていくと考えられる」と締めくくっている。「ものづくりのまち八尾」としての地域アイデンティティの形成と知名度の向上に重要な役割を担うのは、最終的には「人」とその繋がりであることが確認できる。

5　中小企業サポートセンター

　八尾市は中小企業振興施策の実効性を上げることを目的として、2002年6月に八尾市産業振興課を構成する組織として「中小企業サポートセンター」を設置した。運営は、事業の効率化や迅速化を図るため、当初から市外部の団体に委託され、施設は民間金融機関の施設や大型商業施設での間借りを経て、2011年に八尾市と八尾商工会議所の合築施設に移転した。この合築施設には八尾市経済環境部産業政策課も入居し、地域の中小企業振興政策の主要な実施主体である八尾市役所、八尾商工会議所、中小企業サポートセンターの密接な連携体制が構築されている[8]。

　中小企業サポートセンターについては、その創設にも貢献のあった当時のセンター長に筆者が2006年、インタビュー調査を実施した。この調査結果を踏

まえ、創設当時の理念や実施事業を確認する。中小企業サポートセンターの創設当初、八尾市は、個々の中小企業の事情とニーズに応じた情報や支援の提供が重要な役割と考えていた。国や自治体は様々な中小企業支援制度を設けているが、中小企業が自ら情報を収集し、利用可能な支援制度を把握し、適切な手続きを経て支援制度の利用まで辿り着くためには多くの困難が存在する。そこで、専門知識を有する中小企業サポートセンターによる相談業務やセミナーを充実させ、支援制度の利用可能性を拡げることが求められたのである。2006年当時、中小企業サポートセンターは、センター長と事務補助員1名、専門コーディネーター4名という少人数の組織であったが、多彩で実効性の高い事業展開を図っていたという。

　中小企業サポートセンターの近年における積極的な取り組み状況については、「3　八尾市の産業政策」の章において確認した。2011年7月と2012年6月に実施したインタビュー調査の結果も併せると、現場第一主義で対応、企業間連携・交流の場づくり、中小企業サポートセンターと企業の双方間の情報の場づくり、技術課題への対応、人材確保・育成、公的支援、ビジネスマッチング、研究会等支援などに取り組んでおり、設立当初の趣旨が活かされ「地域イノベーター」としての特色を発揮している。特に注目すべき制度・事業としては、「コーディネーター」および「産学連携・研究活動事業」を挙げることができる。以下、この2つの事項について確認する。

(1)　コーディネーター

　中小企業サポートセンターには、相談・アドバイス、国・大阪府による支援事業の採択・認定等のサポート、ビジネスマッチング支援などを行うため、多様な経歴を持つ次のようなコーディネーター12名（2012年度）を配置し、中小企業への個別支援、異業種交流や技術研究会の立ち上げと運営、産学官連携などへの支援を行っている。専門コーディネーター（6名）：大手電機メーカーOB、大手機械メーカーOB、コーディネーター（6名）：中小企業診断士・消費生活アドバイザー、不動産デベロッパー会社OB、都市銀行OBなど[9]。

「コーディネーター」の制度は、1999年度に創設された「八尾市産業振興アドバイザー」(以下「産業振興アドバイザー」とする)に遡る。この制度は、八尾市の産業政策のイノベーションの推進に大きな役割を果たしたことから、その意義を確認するため、制度が創設された1999年当時の八尾市の産業政策の状況と、その中での産業振興アドバイザーの役割を確認する(河藤、1999)。八尾市では、1991年3月に「八尾市産業振興ビジョン」が制定され、2001年を目標にその実現が図られていた。一方で、1998年に設置された産業振興会議における工業振興部会と商業振興部会のもとに各々、作業部会が立ち上げられた。また、「八尾市総合基本計画」の1999年度から2001年度までの実施計画においては、工業、商業の振興について次のように体系づけられていた。

〔工業の振興〕産業振興会議、環境整備(産業振興拠点、都市型工場アパート、工場緑化の促進、地区計画の関係等)、経営の近代化(人材育成、販路拡大、融資制度の活用、研究開発支援等)など。

〔商業・サービス業の振興〕中心市街地商業等活性化方策の検討、環境の整備(商業共同施設に対する補助事業、商業活性化の支援事業等)、経営の近代化(組織化・共同化の推進、情報化の推進等)など。

こうした事業を効果的に推進するため期待された制度が「産業振興アドバイザー」である。これは、中小企業が抱えている様々な課題に対応するため、相談をはじめ幅広い視点から利用できる様々な制度や施設などを中小企業に紹介し、利用に繋げていくための制度であり、1999年度に予算化された。

そして、中小企業支援の経験が豊富な2名の産業振興アドバイザーが任命された。一人は中小企業支援への関係が深い財団法人のOB、もう一人は国の機関において中小企業施策の実施に豊富な実務経験を有する大学教授であった。両者は、八尾市内の中小企業を精力的に訪問調査して実態を把握し、課題解決のための助言を行った。また、中小企業支援のため八尾市が実施する研修などの施策の企画にも積極的な助言を行った[10]。

この経験を踏まえ、2002年6月の中小企業サポートセンター設置の際に、「コーディネーター」が配置された。当初就任した産業振興アドバイザーの一

人は、中小企業サポートセンターにおいて引き続き常駐のコーディネーターとなった[11]。

また、八尾市は2008年度に、社会経済情勢を踏まえた八尾市の産業政策の方向性や産業政策の市政への反映などについて助言・指導・評価などを目的として新たに「八尾市産業政策アドバイザー」（以下「産業政策アドバイザー」とする）が要綱により設置された。現在の産業政策アドバイザーは、制度創設当時に産業振興アドバイザーを務めた2名と産業振興会議の委員を務めた1名の合わせて3名である[12]。

(2) 産学連携・研究活動事業

産学連携・研究活動事業における中小企業サポートセンターの役割は、事業の推進のためのコーディネーターとしての役割である。ここでは、特に注目すべき取り組み事例として活動支援を実施している「八尾経営・技術交流会」（MATEC YAO）と「八尾バリテク研究会」を採り上げ、その活動状況の特徴を確認する。

1) 「八尾経営・技術交流会」（MATEC YAO）（活動支援）[13]

「八尾経営・技術交流会」（MATEC YAO）（以下「マテック八尾」とする）は、八尾市主催の「公的支援制度学習会」への参加企業が母体となり、新しいものづくりを目指す八尾の中小零細企業約30社が自主的に集まった異業種交流会であり、2001年2月に設立された。機械・金属・電機・プラスチック等の製造・加工における八尾市の産業集積の幅と厚みのある「ものづくり」ネットワークを生かしながら、大学・高等専門学校や公的機関とも連携し、技術・経営面での交流を積極的に行い、各企業の経営革新を追及している。

マテック八尾の着実な取り組みを示す資料に、「MATEC YAO 交流（開発・研究・製造・製作・経営・技術相談・企業訪問）マトリックス」がある（図表8-4）。2008年度の資料（2009年4月22日作成）によると、次のような内容である。マトリックスには、参加企業が縦横同じ配列で記載されている。縦軸、横軸の表

図表 8-4　2008 年度 MATEC YAO 交流（開発・研究・製造・製作・経営・技術相談・企業訪問）マトリックス（一部抜粋）

依頼をした側＼依頼を受けた側	A社	B社	C社	D社	E社	F社	G社	H社
A社		●●△						
B社	●◎△		◎△	●●		●△	●●	△
C社								
D社								
E社								
F社				△				
G社		●●						
H社								

注1：本表は、参加企業名を匿名とし一部を抜粋したものである。
注2：表示記号の内容は、各々次のとおりである。◎共同開発・研究、●製造・製作、▲相談（経営・技術面）、△メンバー企業訪問。
出典：2011 年7月のインタビュー調査の際に提供いただいた資料。

記は各々「依頼をした側」、「依頼を受けた側」である。その相互関係の項目として、次のような記号が配されている。◎共同開発・研究、●製造・製作、▲相談（経営・技術面）、△メンバー企業訪問。同一記号の数は件数を示す。このマトリックスにより、参加企業相互の交流の種類と頻度を知ることができ、全体としての交流密度、また参加企業ごとの交流活動の積極性の程度などを知ることができる。このマトリックスを精査することにより、不足している活動事項や相互交流が進んでいない分野なども把握でき、マテック八尾が今後の活動方針を考える際には有力な資料としての活用も期待される。

2)　「八尾バリテク研究会」[14]（活動支援）

「バリのことなら八尾に聞け!!」をスローガンに、関西大学の研究者の指導のもと、企業・各種団体が集まり、バリ抑制からバリ除去に至るまでバリのあらゆる問題について高い技術力を目指す研究会であり、業種構成および支援体制は、次のとおりである。

〔参画企業の業種構成〕加工（方法・機械）、工具、油剤、加工方法、設備機械、材料、超音波バリ取り機、化学・電気処理、バレル・ブラスト、評価
〔支援〕大阪府立産業技術総合研究所、八尾市産業政策課ものづくり支援室、産業政策アドバイザー、中小企業サポートセンター

　2011年6月23日付け日経産業新聞は、「八尾バリテク研究会」について次のように紹介している。「設立2年目以降、参加企業の工場を見学するスタイルが定着した。2カ月に一度、製造現場を見学し、その企業が抱えるバリに関する課題について参加者が思い思いに意見を出し合う」、「代表幹事で微細加工を手掛ける企業のA社長は『自分の会社では常識だったことが、別の会社では新発見というのがいくつもある』と効果を語る」、「それでも『当初は製造現場にライバルを入れ、手の内を見せることに抵抗感があった』（A社長）。疑心暗鬼の会員を根気よく説得したのが八尾市産業政策アドバイザーのB氏(75)だ」、「そもそも見学会を提案したのもB氏。大阪科学技術センター勤務時代に異業種交流事業を手掛けてきた経験から『胸襟を開いて何でも相談し合えるような関係が重要』との信念を持つ」、「B氏という潤滑油のおかげで研究会がうまくまわっている」とA氏。指導に当たる「C教授も『オープンな雰囲気で包み隠さず問題点を出してくるので、こちらもアドバイスしやすい』と話す」、「当初9社だったメンバーは30社に拡大。加工業者から工具、油剤メーカーと業種も多岐にわたる。大阪市や東大阪市など周辺都市の企業も参加し、各地からの視察や問い合わせも絶えない」（記事において紹介された個人名は匿名とした）。

　この記事からも、「八尾市バリテク研究会」の活動は、同業種の企業を中心とする産学公連携の研究会としては画期的な成果を挙げていると言える。そして、その成果を支えた大きな要素が中小企業サポートセンターのコーディネーターである。その機能を中小企業サポートセンターの重要な事業に位置づけ、安定的な運営体制を整えたことが注目される。

写真3　八尾商工会議所と八尾市の合築施設

写真4　写真3の施設1階の八尾市企業製品の展示コーナー

撮影：筆者（2012年6月18日）。

撮影：筆者（2012年6月18日）。

6　イノベーションへの評価

　本章の冒頭で述べたように、八尾市の産業政策の取り組みにおいてイノベーションの注目点は2つある。一つは、地域の企業、関係団体、さらには市民が参画する組織として産業振興会議を設立し、産業政策の企画・立案の源泉としていることである。それにより、政策の企画・立案に広い見識と専門性を採り入れることが可能となり、併せて地域の事業者や市民の「ものづくりのまち八尾」への関心と誇りを高めることができる。もう一つは、中小企業サポートセンターにおけるコーディネーターの役割である。国や自治体の支援制度と地域中小企業とのコーディネート、そして企業間、大学や公設試験研究機関と企業との連携のコーディネート機能を積極的に果たすことにより、地域の企業や産業の自立的発展を促進することが期待できる。

　中小企業を対象の中心とした、地方自治体の地域産業政策の歴史はまだ浅い。1970～80年代に東京都の墨田区などが、地域の産業集積の急速な縮小を背景として中小企業基本条例を制定した事例があるが、その動きが連続的に拡大していったわけではない（植田、2005）。地域産業政策の重要性に対する認識が定着し始めたのは、最近の10数年だと言っても過言ではない。

1999年の中小企業基本法の大幅改正が、地域産業政策変革の流れを後押しした。1963年に制定された中小企業基本法は、中小企業を経済的弱者として捉え、不利・格差の是正のための施策の実施を主要な目的としていた。また、中小企業政策の主な実施主体は国とされていた。それに対し1999年の改正では、中小企業の革新者としての側面を積極的に評価し、その役割を促進するための施策の実施も重要な目的として盛り込まれた。さらに、地方自治体の責務が積極的に位置づけられ、国と地方のパートナーシップのもとに総合的に政策を推進していくものとされた（河藤、2008）。

　1999年の中小企業基本法の改正後、その理念を踏まえた中小企業振興条例をいち早く制定したのが八尾市である。この先進性が、地域イノベーションへの取り組みとして高く評価できる。また、八尾市では条例の制定以前から産業振興会議を設置し、地域の諸主体の知恵を結集した産業政策の策定と実施に向けた取り組みを始めていた。地域産業政策のあり方が未だ手探り状態である今日において、地域の事業者・市民参加を基本とした地域産業政策の実践的提言のための体制を構築し実績を挙げてきたこと、また策定された政策を実施に移すため、実践機関としての中小企業サポートセンターを設立し、効果的に事業を推進する体制を整備し実績を上げていることは高く評価できる。取り分け、政策の推進を着実に支える産業振興アドバイザー（後にはコーディネーターと産業政策アドバイザー）を有効に活用していることは注目される。

　地域産業政策においては、特にアドバイスやコーディネートのためのノウハウが求められる。効果的な施策を市民・事業者参加のもとで創出する仕組みづくりとともに、その仕組みを効果的に機能させる人材の有効活用を実現した八尾市の取り組みは、地域産業分野における地域イノベーションの成功事例として評価したい。今後は他の地域においても、八尾市の取り組みを先行事例とし、地域の実情と地域中小企業のニーズに則した、地域の諸主体参画による産業政策の推進が求められる。

注

1) 八尾市（http://www.city.yao.osaka.jp）（2012年4月25日取得）。
2)「ものづくり基盤技術振興基本法」（平成11年法律第2号）の第2条第1項は「ものづくり基盤技術」を、工業製品の設計、製造又は修理に係る技術のうち汎用性を有し、製造業の発展を支えるものと規定しており、同法施行令（平成11年政令第188号）は具体的に、射出成形、鍛造、鋳造、プレス加工、圧延、研磨、切削などを掲げている。また同法第2条第2項は「ものづくり基盤産業」を、「ものづくり基盤技術」を主として利用して行う事業が属する業種と規定しており、同法施行令はものづくり基盤技術を主として利用する製造業を該当業種として掲げている。本章における「基盤技術」および「基盤技術産業」の用語は、この「ものづくり基盤技術」と「ものづくり基盤産業」にそれぞれ該当する概念として使用する。
3) 八尾市立中小企業サポートセンター長 大西順一「平成23年度大阪商業大学『地域と中小企業』新たなる地域コーディネーターをめざす」2011年5月26日。
4) 2012年6月18日実施のインタビュー調査において提供いただいた資料「平成23年度八尾市産業振興会議―報告書―」および「同―資料編―」（案）による。資料編に記載の2011年度末の事業実績（2012年2月末現在であった）については、同調査において3月末現在の数値を提供いただいた。
5) 前掲 4)。
6) 八尾市産業振興会議『平成22年度 産業振興に関する提言書：中小企業地域経済振興基本条例について』（2010年10月）。
7) 八尾市産業振興会議『八尾市産業振興会議情報発信部会報告書：今後の産業情報の発信について』（2011年10月）。
8) 八尾市・八尾商工会議所『産業が集まるまち八尾』（2012年6月18日取得）。なお、当該産業振興拠点施設には、日本政策金融公庫東大阪支店八尾出張所も入居している（同資料）。
9)「八尾市立中小企業サポートセンター」（http://www.yao-support.net）（2012年6月18日取得）。
10) 筆者は1999年当時、八尾市で産業振興を担当する理事（部長級行政職）の職にあり、産業振興アドバイザー制度の創設に携わった。
11) 2012年6月18日に実施した八尾市産業環境部へのインタビュー調査の結果による。
12) 前掲11)。
13)「八尾経営・技術交流会（MATEC YAO）」パンフレット（2011年7月取得）。
14)「八尾バリテク研究会」パンフレット（2011年7月取得）。

参考文献

伊藤正昭（2011）『新 地域産業論：産業の地域化を求めて』学文社、107-108頁。

植田浩史（2000）「序章、終章」植田浩史編『産業集積と中小企業：東大阪地域の構造と課題』創風社、11-25、227-235頁。

植田浩史（2005）「地方自治体と中小企業振興：八尾市における中小企業地域経済振興基本条例と振興策の展開」中小企業家同友会全国協議会企業環境研究センター『企業環境研究年報』（No.10.Dec.2005)、53-65頁。

大西正曹（グローバリゼーション・リスク研究班編）（1999）『東大阪市中小企業10年の軌跡（調査と資料94号）』関西大学経済・政治研究所、15-24頁。

鎌倉 健（2002）『産業集積の地域経済論：中小企業ネットワークと都市再生』勁草書房、21-33頁。

河藤佳彦（1999）「八尾市の産業振興施策の展開と産業振興拠点整備」㈶大阪科学技術センター地域開発委員会学術研究都市部会『SCIENCE CITY JOURNAL』（学術研究都市部会報）No.34、28-35頁。

河藤佳彦（2008）『地域産業政策の新展開：地域経済の自立と再生に向けて』文眞堂、51-54頁。

湖中 齊（1995）『東大阪の中小企業〔改定版〕』湖中 齊、125-140頁。

八尾市史編集委員会（1983）『八尾市史（近代）本文篇』八尾市役所、55-123、287-308、325-351、571-576頁。

第9章　環境政策への住民参加を促す新しい環境評価手法の導入

飯島　明宏

要　旨

　個人のライフスタイルをより環境に配慮した形態に誘導していくためには、環境行政への国民の参加を促し、多様な主体の意見を政策形成に反映させる仕組みが必要である。産業公害への対応とともに歩みを進めてきた我が国の環境行政は、山積する環境問題を前に、行政任せの形態から住民参加型の新しいステージへ、今まさに移行しようとしている。環境省では、住民参加型の環境評価手法として、「水辺のすこやかさ指標」を策定した。この指標は、水環境のもつ多面的な機能を評価者の主観によって評価するもので、学校教育における環境教育のツール、NPO等による環境保全活動の成果検証のツール、さらには行政施策の立案に住民の声を反映させるためのツールとしても利用できるように工夫されている。環境評価という政策形成のプロセスに住民参加を促す取り組みは、住民に環境保全の主導権を与えるという視点において新しいアイディアといえる。環境評価への参加が地域における環境保全活動を活性化させる動機づけとなり、環境保全の主導権が地域住民へと移行しつつあることは確かなようである。このような変革は、経済的手法や規制的手法による既存の環境政策に相乗効果をもたらす可能性を秘めている。この文脈において、住民参加型の環境評価手法の導入は、環境政策分野において革新的な一面を有しているといえる。

【キーワード】
水環境　環境教育　水辺のすこやかさ指標　生態系サービス　パブリックインボルブメント

1　はじめに

　今日、私たちが直面する環境問題は多様化、広域化し、世代を超える課題になりつつある。科学技術の進歩により、私たちは物質的な豊かさと快適さを手に入れた。しかし、エネルギーや枯渇性資源の大量消費に支えられた発展の仕組みは、豊かさや快適さの獲得と引き換えに環境制約および資源制約の増大を招いた。急速な気候変動、生物多様性の減退、大規模な森林開発とそれに伴う乾燥化、水や食料の不足、レアアース等の希少鉱物資源の乱開発など、将来世代への負の遺産は増え続けている。環境保全と経済成長がトレードオフの関係にあるこれまでの仕組みから、両者が両立できるグリーンエコノミーへの転換が強く求められている。

　我が国の環境行政の歴史は、高度経済成長期に顕在化した産業公害への対応に端を発している。四大公害病（水俣病、新潟水俣病、イタイイタイ病、四日市ぜんそく）に代表されるように、規制法令が未整備の状況下での急速な工業化は、地域住民に深刻な健康被害をもたらした。これらに対応するため、1967年に公害対策基本法が制定され、国や地方公共団体、事業者の責務などが定められた。1970年11月末の臨時国会（公害国会と呼ばれる）では、大気汚染防止法改正案、水質汚濁防止法等の公害関連14法案が成立し、産業公害を防止するための法体系が整備された。その後の規制および監視の強化、公害防止技術の革新等により、我が国の産業公害は徐々に収束していった。このような規制的手法は、行政セクターのガバナンスが機能する場合に有効で、加害者と被害者の関係が明確な産業公害の解決には特に効果的であった。この解決のシナリオは、今日の環境問題にもあてはまるだろうか。

第9章　環境政策への住民参加を促す新しい環境評価手法の導入　　167

　前述のような産業公害と、今日、私たちが直面する環境問題は発生から影響に至るプロセスに大きな違いがある。ここでは、気候変動を例に、原因物質の人体への有害性、影響の範囲、加害者と被害者の関係の3つの視点から両者の違いを明確にしたい。産業公害では原因となる化学物質の有害性が極めて高いが、気候変動では原因となる化学物質（例えば二酸化炭素）の有害性は極めて低いか、または認められていないのが一般的である。また、産業公害の被害は特定の地域に限定されるが、気候変動の影響は全世界に広く及ぶ。更に、産業公害では加害者と被害者の関係が明確であるが、気候変動では加害者も被害者も自分たちであり、責任の所在が極めて不明瞭である。これらのことから、産業公害への対応と同じシナリオで、今日の環境問題を解決に導くことは困難といえる。個人のライフスタイルそのものを環境に配慮した形態に変革させるためのインセンティブを与えていかなければならないのだ。

　そのためのアプローチのひとつとして、期待されているのが環境教育である。今日では、学校教育にとどまらず、企業研修や生涯学習の対象としても定着してきている。しかしながら、環境問題に対する感性や知識の獲得が進んだ割に、具体的な環境配慮行動[1]に十分に結実していないという現状もあり、環境教育の更なる深化と、リスク認知から環境配慮行動に至る心理的要因の解明に関する研究が進められている。環境教育と環境保全活動を結びつけた取り組みを推進することを目的として、「環境の保全のための意欲の増進及び環境教育の推進に関する法律」が2003年7月に成立した。また、環境を軸とした成長を進めるうえで、国民・民間団体・事業者・行政等の各主体の協働による環境保全活動がますます重要になってくるとの認識に立ち、実践的人材づくりとその活用に重点を置いた改正法が2011年6月に成立した。この改正法では、環境行政への民間団体の参加および協働取組の推進が強化され、国民・民間団体等の多様な主体の意見を政策形成に反映させる仕組みが盛り込まれた。環境政策は、行政任せの形態から住民参加型の新しいステージへ、今まさに移行しつつある。この政策転換は、私たちの環境配慮行動を喚起するイノベーションとなるだろうか。本章では、環境省で開発された「水辺のすこやかさ指標」を用いた住民

参加型の新しい環境評価手法に着目し、その実践事例からイノベーションの可能性と波及効果について考察していく。

2 指標の誕生と環境評価の実践

(1) 水辺のすこやかさ指標の誕生

産業公害への対応とともに歩みを進めてきた我が国の水環境行政は、健康被害の防止と利水拡充の観点から、水質を重視した画一的な環境管理を進めてきた。規制的手法を中心とした公害防止行政の本格稼働により、高度経済成長期に顕在化した産業公害は徐々に収束し、今日までに公共用水域[2]の水質は大幅に改善した。水質汚濁に係る環境基準[3]のうち、人の健康の保護に関する環境基準（健康項目という）の 2010 年度における達成率は 98.9％と極めて高い水準にある（環境省、2012）。しかしながら、内閣府の「世論調査報告書平成 20 年 6 月調査／水に関する世論調査」によれば、身近な水辺の環境に「満足している」割合は 40.7％にとどまり、環境基準の達成率に比して住民の水環境に対する満足度は決して高くないのが現状である。なぜ、このようなギャップが生じているのだろうか。

元来、水辺は多面的な機能を有する。これを生態系サービス[4]の側面から見ると、良質で豊富な水資源を社会に供給する「供給サービス」、水害の発生を抑制する「調整サービス」、釣りや水遊びの機会、癒しや安らぎなどの非物質的なサービスを提供する「文化的サービス」、多様な生物の住み場となり、健全な生態系ピラミッドが形成されることによって、生態系サービスをより豊かにする「基盤サービス」に分類される。前述のように、公共用水域の水質は大幅に改善し、良質な水資源供給の観点から「供給サービス」の質は格段に向上している。また、水害を防ぐために護岸や堤防の整備がなされ、「調整サービス」の観点からも水辺の機能は強化されてきた。その一方で、水辺は汚れたところ、危険なところというイメージが人々を水辺から遠ざけ、「文化的サービ

ス」を享受する機会は減ってきたように感じる。また、生態系への配慮に欠けた工事は生物の住み場を奪い、生態系サービスの源となる「基盤サービス」を脆弱化させてきた側面も否めない。良質な水資源の供給と水辺の安全確保が可能になった今日、水質による画一的な水環境管理ではなく、地域の事情に合致した環境整備が求められるようになってきたのだ。これが前述のギャップの要因であろう。水環境の多面的な機能を正当に評価し、それらを保全していくための政策形成に住民の声を取り入れることは、まさに時代の要請といえる。

　このような背景から、2004年度より環境省において水環境の健全性を総合的に評価するためのツール「水環境健全性指標」の開発が始まり、5年の検討を経て「水辺のすこやかさ指標（水環境健全性指標2009年度版）」[5]として公表された。ここで、健全性とは「人間活動と環境保全に果たす水の機能がその場にとってふさわしいバランスを保っている状態」と定義されている（山本, 2012）。例えば、河川環境についてみると、大自然の中を流れる山岳河川では、自然なすがたが保全された状態がふさわしい。一方、人口密集地域を流れる都市河川では、防災機能を強化するための工事が優先されることもある。このように、地域によってふさわしい水環境のバランスは異なるため、環境管理の現状と望ましい姿を住民目線で評価し、その結果を政策形成に反映させる仕組みが必要となったのである。

(2)　水辺のすこやかさ指標の構成と評価方法

　指標の策定においては、水質だけでなく、精神的・文化的な側面からも水環境の機能を評価することが重視された。また、わかりやすく、使いやすく、継続的に利用される指標とすることを目指し、学校教育における環境教育のツール、NPO等による環境保全活動の成果検証のツール、さらには行政施策の立案に住民の声を反映させるためのパブリックインボルブメント[6]のためのツールとなるように工夫されている。

　環境評価は5つの評価軸で行われる。各評価軸はさらに3〜5つの評価細目で構成されており、それぞれの細目に関連する質問に対し、異なる状態を提示

図表 9-1　水辺のすこやかさ指標の評価軸と評価細目

自然に関する項目	人間活動に関する項目
① 自然なすがた 　・水の流れる量 　・岸のようす 　・魚が川をさかのぼれるか	③ 水のきれいさ 　・透視度 　・水のにおい 　・COD（化学的酸素要求量）
② ゆたかな生きもの 　・川原と水辺の植物 　・鳥の住み場 　・魚の住み場 　・川底の生きもの	④ 快適な水辺 　・景色 　・ごみ 　・水とのふれあい 　・川のかおり 　・川の音
	⑤ 地域とのつながり 　・歴史／文化 　・水辺への近づきやすさ 　・日常的な利用 　・産業などの活動 　・環境活動

注：公開版指標を参考に筆者作成。

図表 9-2　水辺のすこやかさ指標の調査票（①自然なすがたの例）

評価細目＼スコア	3	2	1
水の流れはゆたかですか？	ゆたかな流れ	流れがある	流れがない
岸のようすは自然らしいですか？	自然が多く残っている	人工的だが自然のようすを取り入れている	人工的でコンクリートが多い
魚が川をさかのぼれますか？	上流にさかのぼれる	さかのぼれる工夫がされている（魚道など）	障害物があってさかのぼれない

注：公開版指標を参考に筆者作成。

した3つの選択肢から回答する。水辺のすこやかさ指標を構成する5つの評価軸と各評価細目を図表9-1に、調査票の一例を図表9-2にそれぞれ示す。

　5つの評価軸は、2つの自然に関する項目と3つの人間活動に関する項目に大別される。各評価軸の狙いは次のとおりである。

① 自然なすがた――――――水環境が本来の自然な状態をどの程度維持しているかを評価する。
② ゆたかな生きもの―――――水環境における生物の存在、およびその住み場の存在を評価する。
③ 水のきれいさ――――――水質調査から、水の利用可能性について評価する。
④ 快適な水辺―――――――視覚、触覚、嗅覚、聴覚等の情報から、水環境が人に与える感覚的な側面を評価する。
⑤ 地域とのつながり―――――水辺環境と地域の人とのつながりを評価する。

　環境省から公開されている調査票には、3つの選択肢に相当する水辺のイメージ写真が添えられており、一般住民が容易に環境評価に参加できるように工夫されている。評価者は、対象となる水辺空間に赴き、水辺を散策しながら各評価細目をスコア化する。スコアは評価軸ごとに平均し、五角形のレーダーチャートに集計する。これにより、人々が主観的に捉えていた水環境の現状を可視化することができる。本指標は、スコアの最大化を目指すものではない。その場における水環境のバランスを可視化するためのものであり、各評価者がその地域の水環境の実像を認知し、よりふさわしいバランスの構築に向けた明確なビジョンをもつことを目指すものである。

(3) 派生版の誕生と環境評価の実践

　水辺のすこやかさ指標で採用された5つの評価軸は、様々な地域の水環境評価に適用できる汎用性の高いものである。しかし、個々の評価細目は、必ずしもその全てがあらゆる地域にあてはまる項目とは限らない。また、指標策定のねらいとして、環境教育や環境保全活動を推進し、政策形成への住民参加を促すためのツールとしての機能も期待されているが、そのためには評価の視点を変える必要性も指摘されている。このような流れの中で、水辺のすこやかさ指標のコンセプトを継承したいくつかの派生版が誕生している。干潟の環境評価

に適用した「干潟版水環境健全性指標」（村上，2012）、小学生向け環境教育教材に応用した「川と友達になるノート」（滝口，2012）、地域住民の水環境への関心を高め、環境保全活動への動機づけを醸成することを主眼に改良された「群馬県版水環境健全性指標」（後藤、2010a）、河川整備計画に対するパブリックインボルブメントのツールに応用した「多自然川づくり指標」（後藤，2011）などが代表例である。このような派生版の誕生とともに、学校、行政機関、NPO等の様々な主体による環境評価の取り組みが加速してきた。ここでは、群馬県版水環境健全性指標の開発のプロセスを紹介する。

群馬県版水環境健全性指標の開発は、群馬県庁の専門機関である群馬県衛生環境研究所が主体となって、2008年から2010年にかけて行われた（後藤，2010b）。水辺のすこやかさ指標の策定に研究所のスタッフが参画していた経験から、群馬県では地域住民の水環境への関心を高めることを目的に、評価細目に独自の要素を取り入れたオリジナルの指標の開発が進められてきた。住民参加による実践的な環境評価の試行実験を繰り返し、出された意見を基に指標に改良が加えられた。環境評価の試行の場として、群馬県内を流れる4河川（赤谷川、片品川、粕川、谷田川）が選ばれた。以下に環境評価の試行から指標改良へのフィードバックに至る流れを概説する。まず、指標に対する理解を深めるため、評価を行う数日前に参加者を対象とした事前説明会が開催された。各河川における試行実験は、約20名から30名の流域住民の参加によって実践された。試行実験当日は、河川敷において参加者全員に対し注意事項および評価手順に関する説明が行われた後、5人程度のグループに分かれて透視度計やパックテスト等を用いた簡易水質分析を行い、水のきれいさに関する評価が行なわれた。続いて、各評価細目について各自が水辺を散策しながら評価が行われた。試行実験の結果は研究所において統計処理され、後日開催された結果説明会において評価者に報告された。結果説明会では、環境評価の感想や調査票の問題点などについても聞き取り調査が行われ、意見は指標の改良にフィードバックされた。環境評価および結果説明会の様子を写真1に示す。

このような試行実験を経て、2010年4月に「群馬県版水環境健全性指標」[7]

第 9 章　環境政策への住民参加を促す新しい環境評価手法の導入　173

写真 1　群馬県版水環境健全性指標を用いた環境評価および結果説明会の様子

写真：後藤和也氏より提供。

図表 9 - 3　群馬県版水環境健全性指標の評価軸と評価細目

自然に関する項目	人間活動に関する項目
① 自然なすがた ・河川の水量 ・排水の流入 ・護岸の状況 ・川の中の障害物 ・川の流れ	③ 水のきれいさ ・COD（化学的酸素要求量） ・DO（溶存酸素） ・透視度 ・水のにおい ・水の見た目
② ゆたかな生物 ・魚や水生生物 ・鳥や昆虫 ・水辺の植生 ・川の周囲の環境	④ 水辺環境 ・水辺の見た目 ・川の周囲のかおり ・川の周囲の音 ・水辺の景色 ・周囲の安全
	⑤ 地域とのつながり ・川の歴史／文化 ・水辺へのアクセス ・人々の利用 ・川の水の利用 ・環境活動

注：公開版指標を参考に筆者作成。

が公表された。群馬県版水環境健全性指標を構成する 5 つの評価軸と各評価細目を図表 9 - 3 に、調査票の一例を図表 9 - 4 にそれぞれ示す。群馬県版では、

図表9-4　群馬県版水環境健全性指標の調査票（①自然なすがたの例）

評価細目＼スコア	5	4	3	2	1
河川の水量	河川に良く合った水量で流れている	←・→	河川に合った水量で流れている	←・→	水量が河川に合っていない
排水の流入	家庭等からの排水の流入はほとんどない	←・→	家庭等からの排水がある程度流入する	←・→	家庭等からの排水がたくさん流入する
護岸の状況	人の手がほとんど加わっていない	←・→	親水性護岸または自然石の石積み護岸である	←・→	工夫のないコンクリート護岸である
川の中の障害物	障害物はない	←・→	障害物に魚道があり生態系への影響は少ない	←・→	魚道がなく生息魚の移動が難しい
川の流れ	自然な状態で流れている	←・→	特に不自然ではない	←・→	不自然であると思う

注：公開版指標を参考に筆者作成。

　地域住民の水環境への関心を高めるため、評価細目が多めに設けられている。また、5段階評価とすることで、中間的ニュアンスの回答を許容している。図示していないが、調査票の備考案には判定の基準となる状況を提示する記述があり、評価者をサポートする工夫がなされている。

　本指標の開発を主導した後藤らは、論文（後藤, 2010b）の中で結果説明会の重要性を指摘している。指標の改良を目的とした聞き取り調査の機会であったが、住民自らが参加した環境評価のプロセスを振り返ることによって、地域の水環境のあるべき姿について議論し、ビジョンを共有する機会にもなったようだ。これは、地域における環境保全活動、さらには個人の環境配慮行動を喚起するインセンティブを生む期待感を抱かせるものである。

3　住民参加型の環境評価手法の導入による効果

(1) 指標は環境評価ツールとして十分な性能を有しているか？

　産業公害の防止を目的とした従来型の環境評価では、発生源から排出される特定の化学物質の排出量および環境中の濃度を監視する手法が採用されてきた。例えば、水質汚濁防止法では、特定施設[8]を有する工場・事業場の公共用水域への排出水に対して排水基準[9]が定められ、人の健康の保護および生活環境の保全を目的として様々な化学物質の排出濃度が規制されている。また、河川や湖沼等の公共用水域には環境基準が設けられ、自治体による化学物質濃度の監視が行われている。個々の化学物質の計測方法は日本工業規格（JIS）に規定されており、結果の客観性と再現性が特に重視されてきた。これは、規制の公平性を確保する上で必要不可欠な視点である。

　一方、水辺のすこやかさ指標は、化学物質の計測に基づく水質のみでは評価しきれない水環境の多面的な機能を、人の主観によって評価するためのツールである。従来の手法によって捉えることのできなかった水環境の精神的・文化的な側面を含めて、水環境を総合的にスコア化できる半面、結果の客観性や再現性に関する懸念が存在する。評価結果を政策形成に反映させることを想定した場合、指標の環境評価ツールとしての有効性が保証されていなければならない。筆者らは、群馬県版水環境健全性指標について、環境評価ツールとしての性能を確かめるべく、実際の河川環境を対象に検証実験を行ってきた（飯島,2012a）。ここではその概要を紹介する。

　検証実験は、群馬県と埼玉県の県境を流れる利根川水系の一級河川・神流川（かんながわ）で行った。神流川は、関東地方にある国直轄区間10km以上の河川を対象とした水質ランキングで最上位（2010年）に位置する清流である。検証実験では、神流川の上流（上野村）、中流（神流町）、下流（藤岡市）の3箇所において、群馬県版水環境健全性指標を用いて環境評価を行い、各地点間の河

川環境の違いを識別できるかどうか検証した。先入観によるバイアスの発生を避けるため、神流川を訪れたことのない学生 23 名を評価者とした。

検証実験の結果を示す前に、神流川の水質および生態系の情報（飯島, 2012b）を共有しておきたい。なお、当然のことながら、以下の情報は、検証実験以前に評価者には伝えられていない。神流川に設置された環境基準点における BOD（生物化学的酸素要求量）の年間 75％値は、過去 20 年間にわたり A 類型の環境基準値（2 mg/L）以下の水準を維持し、最近 10 年間では 1 mg/L を下回る水準にまで低下している。このように、神流川は BOD に着目すると一貫して良好な水質であるが、流域の下水処理に係るインフラ整備は総じて他の地域に比べて遅れており、下流域では人口の増加とともに生活系排水の流入が懸念されている。汚水処理人口普及率[10]は、最上流域の上野村のみ 87.5％と高い水準にあるが、中流域の神流町では 34.8％、下流域の藤岡市では 41.8％（いずれも 2007 年度）と低い。急峻な山岳地帯では公共下水道の敷設が困難であるため、合併浄化槽の導入が急がれているが、現状では単独浄化槽または計画収集の世帯が多く残存している。そのため、河川への生活排水の流入の寄与は無視できない。実際に、下流ほど硝酸[11]の汚濁負荷量が増加する傾向が見られている（図表 9 - 5a）。一方、水生生物の汚濁耐性[12]に注目して各地点の生物多様性を比較すると、上流および中流では汚濁に耐えられない種の多様度が高く、下流では逆に汚濁に耐えられる種の多様度が高くなる傾向が見られている（図表 9 - 5b）。これは、前述の水質の変化と矛盾しない結果である。このように、流域によって明らかな生物相の変化が認められることが神流川の特徴であるが、生物多様性自体はいずれの地点でも高い水準を維持していることが確認されている。

さて、群馬県版水環境健全性指標では、神流川の流域ごとのプロフィールの違いをどの程度識別することができるのだろうか。図表 9 - 6 に、上流、中流、下流の各地点において実施した検証実験で得られたスコアを示す。総じて、下流ではスコアが低くなる傾向がみられ、五角形の大きさが小さい。以下に、各評価軸のスコアを個別に考察していく。なお、地点間のスコアの差は、Wilco-

第9章　環境政策への住民参加を促す新しい環境評価手法の導入　177

図表9-5　神流川の水質と生態系

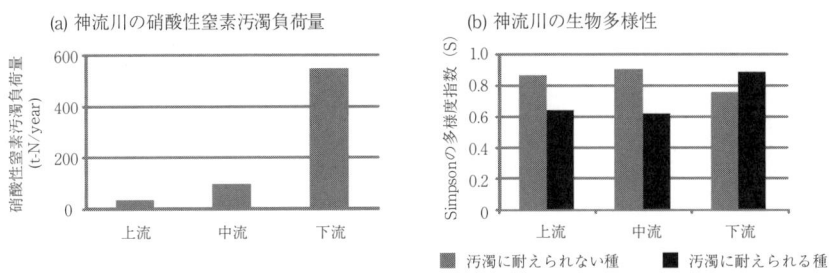

(a) 神流川の硝酸性窒素汚濁負荷量

(b) 神流川の生物多様性

■ 汚濁に耐えられない種　■ 汚濁に耐えられる種

注：第46回日本水環境学会年会（飯島，2012a）発表資料より。

図表9-6　群馬県版水環境健全性指標による神流川の河川環境評価

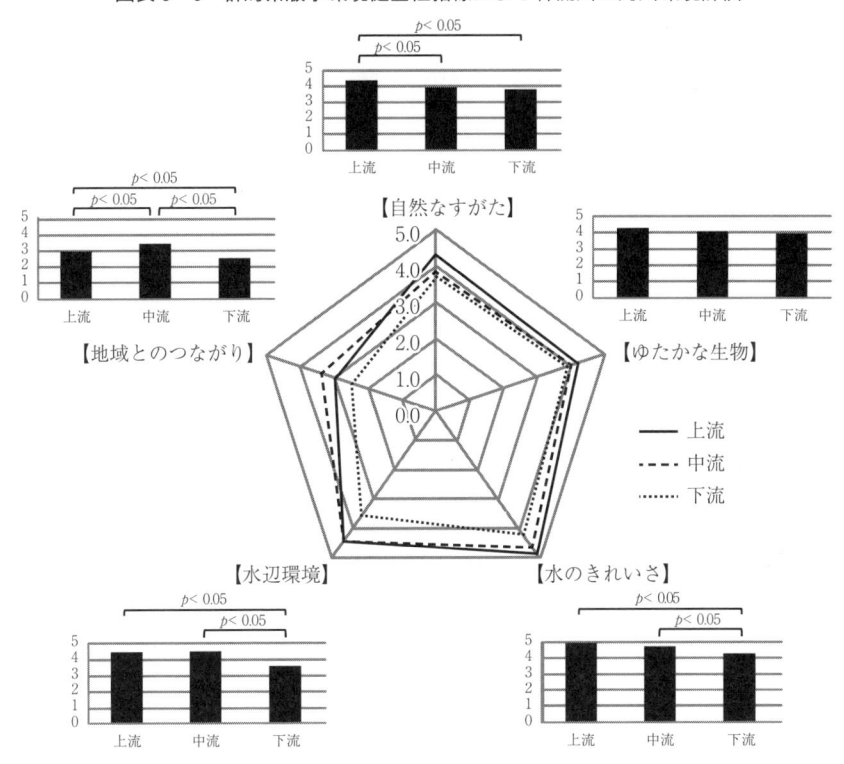

【自然なすがた】

【地域とのつながり】

【ゆたかな生物】

【水辺環境】

【水のきれいさ】

―― 上流
---- 中流
‥‥ 下流

注：公開シンポジウム／水辺のすこやかさ指標を使ってみよう（飯島、2012b）発表資料より。

xon の符号付き順位により検定し、多重比較に際しては有意確率（$p = 0.05$）をBonferroni の不等式により補正して評価した。

① 自然なすがた

　上流のスコアが中流および下流よりも有意（$p < 0.05$）に高かった。細目では、河川の水量や排水の流入などの評価項目でスコアに差が見られた。

② ゆたかな生物

　下流ほどスコアが小さくなる傾向は見られたが、統計的な有意差は検出されなかった。前述のように、地点によって生物相には違いが見られたが、いずれの地点とも多様度は高く、この結果と整合性のある評価が得られた。

③ 水のきれいさ

　上流および中流のスコアが下流よりも有意（$p < 0.05$）に高かった。細目では、水のにおいおよび水の見た目の評価項目で下流のスコアが低かった。前述のように、下流ほど水質の悪化を示すデータが得られている。この結果と、整合性のある評価が得られた。

④ 水辺環境

　上流および中流のスコアが下流よりも有意（$p < 0.05$）に高かった。細目では、水辺の見た目、かおり、音、景色、安全のすべての評価項目で下流のスコアが低かった。下流の調査地点周辺には過度に植物が繁茂しており、これがすべての評価項目にネガティブな印象を与えた可能性が高い。

⑤ 地域とのつながり

　中流のスコアが最も高く、次いで上流、下流の順となり、すべてに有意差（$p < 0.05$）が確認された。細目では、特に中流において水辺へのアクセスおよび人々の利用の評価項目が高かった。中流の調査地点には駐車場が整備されており、子供たちが安全に川で水遊びができるように親水性を高める工事がなされていた。これがスコアに反映された可能性が高い。

　このように、本指標による環境評価は人の主観に基づくものではあるが、地点による河川環境の違いを統計的な有意差の下に識別することが可能であった。

また、水質や生態系などの科学的分析に基づく知見と整合性のある評価ができることも確認された。以上のことから、群馬県版水環境健全性指標は、環境評価ツールとして十分な性能を有しているといえる。

(2) 指標は地方環境研究所に何をもたらしたか？

公害防止行政の歩みの中で、環境中の化学物質の計測・監視を担う試験研究機関として、各地に地方公害研究所（現在では環境研究所に類する名称に変更されたところが多い）が設立され、高度な化学計測機器の導入と分析技術者の養成が図られてきた。現在、全国環境研協議会[13]には都道府県および政令市が設置した67の地方環境研究所が加盟している。産業公害を克服するプロセスにおいて、地方環境研究所が果たしてきた役割は大きい。しかし、化学計測機器の普及とともに計測業務のアウトソーシングが可能になった今日、従来型の環境評価手法に立脚した地方環境研究所の役割は変革の時を迎えているといっても過言ではない。ひとつは、化学物質の分析・監視を主としたこれまでの既定業務のノウハウを基盤に、事故発生時における初動的な対応能力を強化していくこと、そしてもうひとつは、多様化する環境問題への政策的アプローチを提案するシンクタンクとしての機能を強化していくことが求められているのではないだろうか。水辺のすこやかさ指標およびその派生版を活用した新しい環境評価手法の確立は、特に後者の観点から、地方環境研究所の新たな役割を明示している。

地方環境研究所は、水辺のすこやかさ指標の策定およびその派生版の開発に多大な貢献を果たしてきた。前節では群馬県衛生環境研究所の取り組みについて紹介したが、類似の取り組みは他の地方環境研究所でも行われてきた（辻ら, 2011；風間, 2012）。しかしながら、地方環境研究所の果たすべき本来の役割は、完成した指標を運用するプロセスにあると筆者は考えている。繰り返しになるが、水辺のすこやかさ指標は、学校教育における環境教育のツール、NPO等による環境保全活動の成果検証のツール、さらには行政施策の立案に住民の声を反映させるためのパブリックインボルブメントのためのツールなど、多様な

目的に利用される。この中で、パブリックインボルブメントのツールとして指標を利用する際に、地方環境研究所には住民と行政の間を取り持つファシリテータとしての役割を担うことが期待されているのである。一般に、地域の環境整備に対し、個々の住民に意見を求めても具体的な意思を表示することは難しいことが多い。また、行政側にとっても、離散した意見を集約してひとつの事業に反映させる作業は複雑である（後藤ら，2012）。指標は、環境評価というプロセスを通じて住民の意見を集約し、政策形成へフィードバックする翻訳機能を有しているのである。このような民と官の間の情報の翻訳作業が、シンクタンクとしての地方環境研究所の新たな役割ではないだろうか。

(3) 環境評価への参加は住民に何をもたらしたか？

環境は誰のものか。この問いに「みんなのものである」と応じることはたやすい。自然環境は私たちに食料や燃料を供給したり、気候変動や洪水の発生を緩和したり、時には精神的な充足や美の感動といった非物質的なサービスをも提供したりしている。これらの生態系サービスを享受し続けるためには、自然環境を健全な状態に保全する必要があることを私たちは理解している。にもかかわらず、環境が十分に保全されずに劣化し続けているのはなぜだろうか。

生態系サービスの多くは公共財[14]であり、市場を介すことなく当事者以外にも便益をもたらす。例えば、費用をかけて森林を整備することにより生み出される酸素や美しい景観は、費用負担者以外にも供給されてしまう。つまり、生態系サービスへの対価を負担せずとも、その便益のみを得るフリーライド（タダ乗り）が可能なのだ。このような状況下では、全員がフリーライダーになろうとする。環境への負荷についても、市場において費用負担を求められることは少ない。全員が協力して環境負荷の低減取り組むことが最善の策であることは理解していても、競争相手の裏切りによって自分に不利益が生じる状況下では全員が裏切り者になろうとする。このように、正直者がバカを見る仕組みでは、個人や企業が負担を伴う環境配慮行動（例えば森林整備や資源節約など）を行おうとするインセンティブが働きにくいのだ。

自給自足を中心とした工業化以前の時代では、自然環境と人間社会の間には明瞭なシステムが存在していた。水の汚れは疫病の蔓延につながり、過剰な農業生産は地力の低下を招き生産性の低下に直結した。このような負荷と制約の明瞭な因果関係の下に、環境負荷を抑止するためのインセンティブが働いていたのである。ところが、産業革命以降の工業化とグローバル化の過程で、自然環境と人間社会の間のシステムは不明瞭なものへと変貌してきた。汚水処理や廃棄物処理に係る技術革新により、自然の浄化能力を超える環境負荷が許容されたような錯覚に陥った。汚れた水は下水管に流せばよく、ごみは集積場に置いてくればよいという手軽さも、環境へ負荷を及ぼしているという実感を希薄にしている。食料の調達に関しても同様である。海外から輸入することによって、国内で自給できる以上のカロリーを消費することができるようになったが、生産地の土地や水資源、輸送に要した燃料を消費しているという実感はほとんどない。自然環境と人間社会の間のシステムがブラックボックス化し、両者に大きな距離感が生じた現代社会において、環境問題の責任が自分たちに帰属すると認知することはできても、自分個人に帰属すると認知（責任帰属認知という）して具体的な環境配慮行動を起こすことはたやすいことではない。

　このように、自然環境の公共財としての宿命と、個人における責任帰属認知の低下によって、環境保全のためのインセンティブは希薄化してきた。この傾向を転換するための政策が必要とされてきたのだ。自然環境の公共財としての宿命、すなわち市場を介さない外部性[15]の存在については、外部経済や外部不経済を市場に内部化するための政策（森林税や炭素税など）により、環境保全を行うための経済的インセンティブが付与され始めた。また、法令等によって環境負荷に対する制限を設けることにより、裏切り行為を抑止する規制的インセンティブも付与されてきた。一方で、個人における責任帰属認知はどうだろうか。個人の環境配慮行動は、それが集団の社会規範として位置づけられることによって強く喚起される。集団で行動することによって、問題の解決により大きく貢献できるという対処有効性認知が働く。ゴミの分別収集などがその代表例といえる。このように、環境への配慮が社会規範となるような働きかけを

していくことが、個人における責任帰属認知の高揚に有効と考えられる。この視点において、環境評価への参加は、住民に環境保全への取り組みが地域コミュニティにおける社会規範であることを認知させるきっかけを与えるものといえる。水辺のすこやかさ指標は、各評価細目をスコア化するプロセスにおいて評価者に水環境のもつ多面的な機能に気付かせ、その保全の責任が自らにあることを自覚させる要素を含んでいる。これは、環境保全の主導権を行政から地域住民へ移行させる契機になるものである。この文脈において、住民参加型の環境評価手法の導入は、環境政策分野において革新的な一面を有しているといえる。

4　おわりに

環境問題は、発生から影響に至るメカニズムが極めて複雑である。問題発生の因果関係が不明瞭であるがゆえに、将来起こるであろう影響の予測も不確実なものとなる。しかしながら、環境問題は一度発生すると元に戻すことが困難な不可逆な事象であるため、予測の不確実性を理由に必要な措置を講じることを延期してはならない。いわゆる、予防原則に則った政策運営が重要となる。

物質的な豊かさと快適さを放棄させてまで、環境保全を優先させることは現実的でない。両者を両立させていく仕組みにソフトに誘導していくことが重要であり、そのためには個人の行動を環境配慮の形態に向かわせていくためのアイディアが必要とされている。経済的手法や規制的手法を駆使し、様々な環境政策が講じられてきたが、多様化する環境問題を解決する特効薬は今のところ見つかっていないのが現状である。

環境評価という政策形成のプロセスに住民参加を促す取り組みは、住民に環境保全の主導権を与えるという視点において新しいアイディアである。環境評価への参加が個人の環境配慮行動に結実しているかどうかは、残念ながら今日までに定量的な分析はなされていない。しかしながら、環境評価への参加が地域における環境保全活動を活性化させる動機づけとなった事例は多数あり、環

境保全の主導権が地域住民へと移行しつつあることは確かなようである。このような取り組みが持続的に拡大していくことによって、経済的手法や規制的手法による既存の環境政策に相乗効果をもたらす可能性がある。この意味において、行政任せの形態から住民参加型の新しいステージへの移行は、環境政策分野におけるイノベーションとなる可能性を秘めていると結論付けられる。このことが今後の研究で検証されることを期待している。

注

1) 日常的な消費生活行動において、節電、節水、ごみの分別、公共交通機関の利用など、環境に配慮した行為を行ったり、自発的に環境保全活動に参加したりすることを指す。
2) 河川、湖沼、港湾、沿岸海域その他公共の用に供される水域、およびそれらに接続する公共溝渠、かんがい用水路その他公共の用に供される水路を指す。
3) 人の健康の保護及び生活環境の保全のうえで維持されることが望ましい基準として、法令に基づき定められている。水質汚濁防止法では、公共用水域の水質について、カドミウム、全シアンなどの人の健康の保護に関する「健康項目」と、有機汚濁の代表的指標である生物化学的酸素要求量（BOD）、または化学的酸素要求量（COD）、水素イオン濃度（pH）などの生活の保全に関する「生活環境項目」について基準値が設けられている。
4) 清浄な大気や水、食料や燃料、生活資材など、生命および社会経済システムの維持に必要不可欠な財の多くは自然環境から供給される。国連環境計画が実施したミレニアム生態系評価において、これらの自然の恵みを「生態系サービス」と定義した。生態系サービスは、性質によって「供給サービス」、「調整サービス」、「文化的サービス」、「基盤サービス」に整理される。
5) 水辺のすこやかさ指標の活用ガイドライン、指導者用テキスト、調査票等は環境省のウェブサイト（http://www.env.go.jp/water/wsi/index.html）よりダウンロードできる。
6) 政策の立案や公共事業等の計画の初期段階から住民が意見・意思を表明できる機会を設け、その議論を政策形成や事業計画に反映させるしくみのことを指す。
7) 群馬県版水環境健全性指標の調査票は、群馬県衛生環境研究所のウェブサイト（http://www.pref.gunma.jp/07/p07110064.html）よりダウンロードできる。
8) 人の健康または生活環境に被害を生じるおそれのある汚水や廃液を排出する施設として、水質汚濁防止法施行令で定められた施設を特定施設という。工場だけで

なく、し尿処理施設、下水道の終末処理場のほか、飲食店、洗濯業、写真現像業、旅館業等の第三次産業や畜産業等の第一次産業に分類される施設も含む。

9) 公共用水域に設定された環境基準を達成することを目標に、水質汚濁防止法では事業場からの排出水について、化学物質の種類ごとに排水基準が定められている。

10) 全人口のうち、公共下水道や合併処理浄化槽などにより、トイレ、風呂、台所などの生活雑排水すべてを処理可能な区域に住む人口の割合を指す。

11) 生態系循環における窒素の形態のひとつである。家庭からの生活雑排水や畜産施設からのし尿系排水にはタンパク質やアミノ酸のような有機体窒素が含まれている。この有機体窒素は、自然界に存在する環境細菌の一種であるタンパク質分解微生物の作用によってアンモニアに異化され、さらに硝化細菌の作用によって亜硝酸、硝酸に形態変化する。硝酸は植物の栄養素として同化されるため、健全な生態系循環においては窒素が系内に残留することはない。ところが、人為的な負荷により窒素の投入が過剰となると、生態系循環における窒素の最終形態である硝酸が系内に残留していく。

12) 水生生物は水質によって生息できる種が変化する。清浄な水質を好む生物もいれば、逆に汚れた水質を好む生物もいる。この性質を利用して、水生生物の汚濁に対する耐性を序列化したものを汚水生物系列と呼び、貧腐水性（Oligosaprobic）、β-中腐水性（β-Mesosaprobic）、a-中腐水性（a-Mesosaprobic）、強腐水性（Polysaprobic）の4つに大別される。

13) 環境に関する試験・調査・研究活動を通じて、地域住民の健康の保護と、生活環境の保全に寄与することを目的として、昭和46年11月に全国地方自治体の公害研究所を会員として発足した。

14) 消費における排除不可能性と非競合性の少なくとも一方を有する財を指す。ここで、排除不可能性とは、財やサービスの対価を払わない者を便益享受から排除することができない性質を指す。例えば、会員制のスポーツクラブなどは会費を払わない者を利用から排除できるが、森林が供給する酸素などは森林整備等への費用負担をしない人を利用から排除できない。一方、非競合性とは、利用が増えても追加的な費用負担をすることなく利用が可能である性質を指す。例えば、一杯のラーメンなどは一人が消費すると他の人がそれを消費できなくなるため、利用が増えれば追加的な費用負担が生じるが、美しい景観などは追加的な費用負担をすることなく何人でもその恩恵を享受できる。このように、生態系サービスには排除不可能性と非競合性を有する物が多い。

15) 経済活動の費用や便益が市場を介さずに当事者以外に及ぶことを指す。例えば、ある企業が企業活動の一環で森林整備を行った場合、森林が生み出す生態系サービスは当事者以外にも及ぶ。このように、市場を介さずに便益が当事者以外に及ぶこ

とを外部経済という。一方、ある企業が環境対策を講じずに操業した場合、排出された有害な化学物質などによる損失が地域住民に及ぶことがある（産業公害がこの典型である）。この場合、地域住民あるいは国民全体の負担によって、問題の解決を図ることを余儀なくされる。このように、市場を介さずに不利益が当事者以外に及ぶことを外部不経済という。

参考文献

飯島明宏「神流川上流域への群馬県版水環境健全性指標の適用」、『公開シンポジウム／水辺のすこやかさ指標を使ってみよう 講演要旨集』、2012a。

飯島明宏・後藤和也・茶珍護・藤田省吾「神流川上流域の河川環境プロファイリング」、『第46回日本水環境学会年会 講演集』、2012b。

風間真理「都内の事例〜蘇った隅田川を歩いて〜」、『公開シンポジウム／水辺のすこやかさ指標を使ってみよう 講演要旨集』、2012。

環境省『環境白書 循環型社会白書／生物多様性白書』日経印刷株式会社、2012。

後藤和也・田子博・須藤和久・木村真也・下田美里・中島右・小澤邦壽「地域住民による河川環境評価手法の検討」、『土木学会環境工学研究論文集』Vol. 47、2010a。

後藤和也・田子博・須藤和久・木村真也・下田美里・中島右「群馬県版水環境健全性指標の作成」、『群馬県衛生環境研究所年報』Vol. 42、2010b。

後藤和也「群馬県における水環境健全性指標の活用と川づくりへの住民参加の試み」、『水環境学会誌』Vol. 34、2011。

後藤和也・中島穂泉・須藤和久・木村真也・松本理沙・小澤邦壽・下田美里「地域住民と協働した多自然川づくり評価指標の作成」、『第46回日本水環境学会年会 講演集』、2012。

滝口敦「八王子市におけるすこやかさ指標活用の取り組みについて」、『日本水環境学会関東支部特別講演会 講演要旨集』、2012。

辻浩子・大岩敏男「住民による最上川流域の"水辺の環境診断"の実践と発展」、『水環境学会誌』Vol. 34、2011。

村上和仁・原科敬輔・今堀知章・三浦あかね・大橋直人・薬袋陽平・春日将太・箕浦英樹・加藤雄司・村上萌・金丸誠・林秀明・高橋賢伍「干潟版水環境健全性指標（WESI-TF）の開発と試行調査」、『千葉工業大学研究報告 理工編』Vol. 59、2012。

山本郷史「水辺のすこやかさ指標（水環境健全性指標2009年度版）の開発と今後の展開」、『水環境学会誌』Vol. 34、2011。

第10章　地域行政によるエコツーリズムの導入と市民との協働
──埼玉県飯能市を事例として──

片岡　美喜

要　旨

　近年、大規模な観光開発を必要としないことに加え、地域の景観や生活・文化を活用した観光手法としてエコツーリズムが注目されている。これまでのエコツーリズムの実践は、国内であると国立公園や世界遺産に認定された屋久島や知床など、貴重な自然環境を有する地域において専門家によるガイドツアーの実施が大要を占めていた。

　埼玉県飯能市では、ツアーを行う場所は市内の「生活圏・里山」を対象に、ガイドは「一般市民」が行うという「あたりまえの風景」を活かしたエコツーリズムを作り上げた。行政が仲立ちとなり、地域資源と市民組織のキャッチアップを継続してきたことが評価され、2008年にエコツーリズム大賞を受賞するまでに至っている。

【キーワード】
エコツーリズム　行政と市民との協働　地域資源　環境保全　文化資源

1　はじめに

　エコツーリズムは、1980年代後半頃より、マス・ツーリズムによる観光客のモラルを欠いた行動や、観光開発によって生じた環境問題を契機に、それら

を見直す意味合いを持った取組みとして、南北アメリカ大陸やオーストラリア等から取り組まれた観光の考え方と実践である。主に、観光行動のなかに自然環境の保全・保護の要素を組み入れたツーリズムの形態を指す。観光者だけではなく、地域社会や観光業者など、関係する主体各自が責任をもった行動をすることと、彼らそれぞれのニーズを満たすことが、取組理念やシステムに組み込まれている。開発途上国や農山村など、経済的・環境的問題が生じている地域が取り組む場合には、自然環境の保護だけではなく、経済格差の是正や資金調達を両立させる手法のひとつとしても注目されている。

　国内での取組みが見られ始めたのは、沖縄で取り組まれたことに端を発し、その後は屋久島や知床など貴重な自然生態系を有し、国立公園や世界自然遺産として認定された地域を中心に、エコツーリズムの手法が導入された。我が国では、2008年に世界でも珍しいエコツーリズムに関する法律である「エコツーリズム推進法」が成立され、各地域で取り組まれはじめている。

　一方で国内における課題として、ビジネスとして成立している団体、地域が少ないことや、取組内容が既存のツーリズム形態と差別化が図られにくいことが挙げられる。国立公園や自治体など公的機関が推進主体である場合は、補助金等による運営が中心であり、収益化に至っていない状況が見られている。また、多くの旅行会社では、一部の旅行商品のみ設定されているに留まっている。これは、多くの観光客の意識や嗜好と、エコツーリズムとして提供される観光サービスが合致していない状況によるものであり、観光マーケットとしてはまだ小さい状況が指摘できる。

　こうした現状において、一般的にはまだ浸透していない観光形態であるエコツーリズムであるが、地域社会では自律的発展や地域資源を損なわない観光形態を促すあり方として注目をされている。

　本章では、地域資源を活用したエコツーリズムを導入した先進事例として、埼玉県飯能市におけるエコツーリズムを取り上げる。同市では、他地域のエコツーリズムと異なり、稀有な自然環境を対象としたエコツアーよりも、ツアーを行う場所は市内の「生活圏・里山」を対象に、ガイドはプロの専門家ではな

く「一般市民」が行うという「あたりまえの風景」を活かした独自のエコツーリズムを作り上げた。同市のエコツーリズムの推進には、行政が仲立ちとなり、地域資源と市民組織のキャッチアップを継続してきたことで実現してきたものである。以下では、その沿革と仕組みを述べてゆきたい。

2 飯能市におけるエコツーリズムの導入経緯とシステムの現状

(1) 取組みの背景

埼玉県飯能市は、同県の南西部に位置し、総面積の76％が森林で占められた地域である。2012年1月1日現在、総人口は82,422人、総世帯数は33,099世帯である。都心からは鉄道で約1時間程度と利便性の高い立地である。

飯能市においてエコツーリズムを導入した背景には、同市を取り巻く地域課題があった。第1に、飯能市の観光における課題が挙げられる。飯能市は、西武鉄道の沿線ということもあり、電車で首都圏から日帰りで、天覧山やその周辺の奥武蔵の山々にハイキングや遠足、川遊びに来る来訪者が多かった。近年は年間約250万人前後の観光客は来訪しているが、これらの観光客は経済的効果が乏しく、地域住民との交流も少ない状況であった。あるのは、ゴミを落とすこと、渋滞を招くことなど、どちらかというと住民にとっては観光客の存在は好ましくない状況をもたらした。

第2に、地域産業の低迷、少子高齢化や商圏の変化等の諸要因による地域活力の低下が挙げられる。江戸時代から飯能市の主産業であった林業（西川材）の衰退とともに、山林の荒廃、西川材の製造・販売の低迷状況が見られた。また、中心市街地では郊外型店舗の増加で商店街の衰退も見られるようになった。こうした現状は、安価な輸入材木の影響で国産材木の需要が減少したことや林業後継者がいないことに起因していた。

先に挙げた地域課題に係る背景のほかに、エコツーリズム導入の素地として、

行政内の方針の変化が挙げられる。1970年代以降、飯能市では大手資本によるゴルフ場や住宅地開発が行われたが、そのなかで自然環境や地域の歴史文化の変化に伴う市民運動がたびたび見られた[1]。特に、現在飯能市のエコツーリズムの代表的な拠点である天覧山は、市民団体によりオオタカの営巣地であることが発見され、保護を巡って開発業者、行政、市民団体など各者の意見が割れる状況が見られた。行政と市民が協働して環境活動に取り組むようになったのは、2003年3月に策定された飯能市環境基本計画を受けて、同年11月に「はんのう市民環境会議」が設立されたことによる。同会議では、放棄された谷津田を再生する「天覧山谷津の里づくりプロジェクト」が取り組まれ、定期的な保全・美化活動や自然観察会が実施されることになった。同会議の設立と実践により、関係各者が環境保全のために相互協力する体制と、エコツーリズム実施の場の形成に寄与している。このような協議の場の形成は、地域住民、行政、企業の協働と地域の自然環境の利活用に関するコンセンサスを図ることとなった。

(2) 取組みの沿革

図表10-1は、飯能市におけるエコツーリズムの導入から現在までの沿革をまとめた年表である。以下では、図表10-1を元に同市の取組の沿革を述べていきたい。

先に述べた背景となる地域の状況のもとで、地域課題に対して大規模な開発をすることなく、これまで培ってきた「飯能の里地里山」を宝物として強みにしていけないかとの考えから、同市にはエコツーリズムという手法が合致しているとされる動きが生まれた。

自治体でエコツーリズムを導入するとのアイディアが出てきたきっかけは、2004年に飯能市と旧名栗村が合併する前後の議論において、エコツーリズムをまちの政策に取り入れようと、環境省のエコツーリズム推進モデル事業[2]に公募して選定されたことが契機である。

旧名栗村が飯能市と合併をする際、名栗の村おこしをしながら継続できる取

図表 10-1　飯能市におけるエコツーリズム推進の沿革

年度		出来事
2004 年		・飯能市および名栗地区が環境省のエコツーリズム推進モデル事業の対象地区に選定された。
2005 年	1 月	・飯能市と名栗村が合併した。
	2 月	・飯能市内にてエコツーリズム・キックオフシンポジウムを実施した。
	4 月	・飯能市にて「森林文化都市宣言」が宣言された。
	5 月	・「飯能名栗エコツーリズム推進協議会」が発足した。
	7 月-8 月	・市内の 12 公民館にてエコツーリズム講座を実施し、地域住民への説明会を行った。
	8 月-11 月	・パイロット事業を実施し、市内にて 7 つのエコツアーを実施した。 ・エコツアーの企画・実施において「事前協議制度」を開始した。
	10 月-11 月	・第 1 回のエコツーリズム・オープンカレッジを実施した。
2006 年	2 月	・「飯能名栗エコツーリズム活動市民の会」が発足した。
	4 月	・「飯能市エコツーリズム推進協議会」に改称した。
2007 年		・飯能市が、環境省の「エコツーリズム推進に関する基本方針検討会」の委員として参加した。 ・環境省において、エコツーリズム推進法が制定された。
2008 年	4 月	・環境省によりエコツーリズム推進法が施行した。
	7 月	・環境省主催の第 4 回エコツーリズム大賞にて大賞を受賞した。 ・エコツーリズム推進法に基づいた形態での「飯能市エコツーリズム推進協議会」を設置した。
2009 年	4 月	・「飯能市エコツーリズム推進全体構想」が策定された。
	9 月	・エコツーリズム推進法に基づいた「飯能市エコツーリズムの推進全体構想」が主務大臣より全国第一号として認定を受けた。 ・エコツアーおよび自然観光資源のモニタリング手法の改善を行った。 ・「飯能市エコツーリズムセンター設立準備委員会」が開催された。
2010 年	1 月	・飯能市にて、環境省が主催する「平成 21 年度　全国エコツーリズム推進セミナー」が開催された。
2011 年	1 月	・「エコツアーガイド・ステップアップ講習」を開始した。 ・環境教育の要素を強めたエコツーリズムの普及や学校教育との連携を行った。
2012 年		・活動市民の会において、エコツアーガイド間の意見交換会を実施した。

出典：ヒアリング調査および『各年度版　飯能・名栗エコツーリズム推進モデル事業業務報告書（2006 年-2007 年）』、『平成 19 年度　エコツーリズム推進事業業務委託報告書』、『各年度版　飯能市エコツーリズム推進事業報告書（2009 年-2011 年）』より筆者作成。

組みを残したいとの意向から、環境省のエコツーリズム推進モデル地域になれないかとの強い意思が示された[3]。同村は、観光を地域活性化の一方策として

取り組みたいが、現在の自然環境や生活環境を壊さずにいたいとの意向があり、それにエコツーリズムの理念や取組みが合致するものであった。そこで、合併先である飯能市とともに「飯能・名栗地域」として環境省へ申請をした結果、全国の13地区の一つとして首都圏では唯一採択された。環境省のモデル事業に選定されたことで、同省からのアドバイスや対外的なPRなどの支援を受けることになった[4]。

エコツアーが開始されたのは、飯能市と旧名栗村が合併した2005年からである。この年は、エコツーリズム推進に係る体制づくりと普及に係る基盤となる取組みが行われた。飯能市のエコツーリズムの基本方針や取組みを協議する「飯能名栗エコツーリズム推進協議会（2006年に飯能市エコツーリズム推進協議会に改称）」の設置が行われた。そして、エコツアーの企画と理念に合致したツアーとなっているかどうかを評価する「事前協議制度」、エコツアーを市民が行うための研修機会である「エコツーリズム・オープンカレッジ」も同年から開始されている。そのほか、地域住民へのエコツーリズムの普及と参画を促す対応として、市内の12公民館で「出前講座」としてエコツーリズムの説明会を行っている。

2005年に初めて実施されたエコツアーのパイロット事業は、市内で7件のツアーが行われた。エコツアーの第一弾は、旧名栗村をフィールドに、県の指定無形文化財に指定された獅子舞の鑑賞や、名栗地域の歴史散歩を行う企画が実施された。名栗地域のほかにも森林や里山に係る地域活動を続けてきた団体や地区に声をかけて実施している。

2006年は、「エコツーリズム・オープンカレッジ」の修了者がエコツアーガイドとして活躍できる場を作るために同市エコツーリズム推進室を事務局とした「活動市民の会」が結成された。これにより、移住者や地域活動に加わっていない市民もエコツーリズムに参画できる体制が形成された。

2007年は、環境省において「エコツーリズム推進法」が制定されるが、地域資源を活用した取組みが評価され、飯能市も同法の基本方針に係る検討会の委員として参画している。

2008年は、「エコツーリズム推進法」に基づいた推進体制の形成を行い、推進協議会の体制の変更と「飯能市エコツーリズム推進全体構想」の策定作業が進められた。この推進構想に定められた自然資源の対象地域には、自治体の判断によって保全のための罰則など規制措置をかけることが可能となっている。また、同年には環境省主催のエコツーリズム大賞を受賞するなど、取組みが対外的に評価を受けることとなった。

　2009年9月に、同年4月に策定された「飯能市エコツーリズム推進全体構想」が主務大臣より、全国第一号として認可された。同年の主な取組みとして、さらにエコツアーの質を高めていく対応として、ツアーや自然環境へのモニタリング手法の改善が行われるようになった。また、市民による自立したエコツーリズム推進体制の形成を目的に「飯能市エコツーリズムセンター設立準備委員会」が開催されている。この時期より、国内からの視察だけではなく、海外からの視察が見られるようになった。

　2011、2012年では、エコツアーガイドの技能向上や「横の連携」を深める対応が行われている。2011年は「エコツアーガイド・ステップアップ講習」が開催され、専門家や他のガイドによって、より踏み込んだエコツアーの企画・実施に係る勉強会が実施されている。2012年には、「活動市民の会」の会員間で、エコツアー実施に係る意見交換会を行い、事業の発展と改善を促す対応を行っている。

(3)　同市のエコツーリズム体制の現状と特徴

1)　取組みの特徴

　飯能市のエコツアーでは、どこにでもある身近な自然である里地里山や生活文化を楽しむツアーを行うことで、地域として培ってきた自然環境、生活文化、歴史を活用し、保全・保護への意識付けを行うことや、観光による交流効果や経済効果などを期待している。

　同市では、ガイドが生計を立てるなど経済効果で大きな成果をあげるというよりは、エコツアーを地域住民が行うことによって、自身が地域の魅力に気付

写真　飯能市・南高麗地域のおさんぽマーケットの様子

出典：飯能市役所エコツーリズム推進室資料。

き、愛着を持つことで、地域の活性化を図ることが大きな目的である。とりわけ行政としては、地域活性化や着地型観光の一環としてエコツーリズム推進に取り組んでいる。

　エコツアーの一例として、一番集客があるエコツアーである「お散歩マーケット」を挙げよう。青梅市と隣接した趣ある山間地域である黒指・細田地区で開催されているこのエコツアーは、通常のエコツアーと違い、人数制限はなく大規模に行われている。参加者は、受付で300円を支払うと地図をもらい、旧屋号でかかれた各家の名前を頼りに、販売品やおもてなしを楽しみながら、二つの集落をハイキングするという内容である。年2回、春と秋に実施しているが、例年飯能市のエコツアーの年間集客数の約半数を占めるに至っている。

　「お散歩マーケット」では、集落の人が各自の手作り品（例：手打ちうどん、パン、菓子類、雑貨等）を自宅の一部を開放して販売している（写真参照）。また、自宅の庭や軒先をカフェのようにしておもてなしをしている。

　取組みの発端は、集落の古民家に移住してきた芸術家らがお散歩マーケット

第10章　地域行政によるエコツーリズムの導入と市民との協働

図表10-2　飯能市におけるエコツーリズム推進体制（2012年現在）

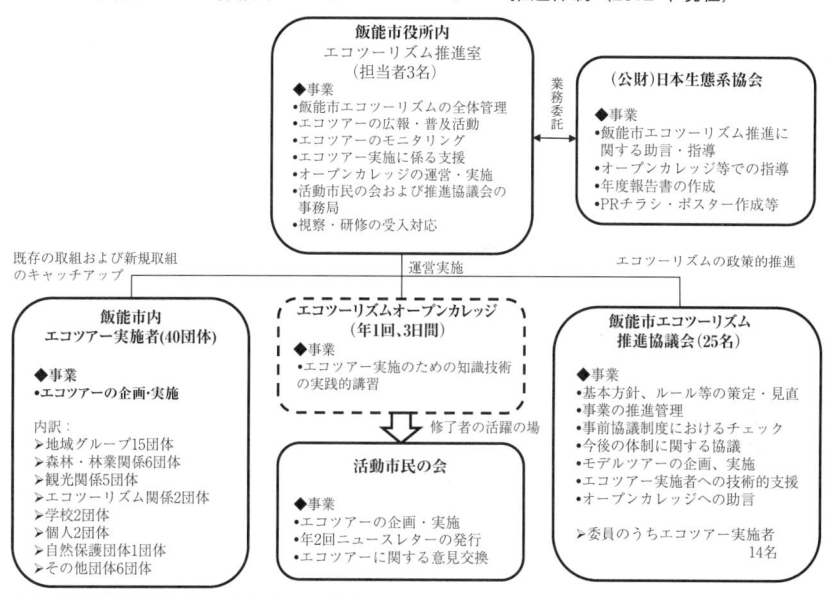

飯能市役所内　エコツーリズム推進室（担当者3名）
◆事業
- 飯能市エコツーリズムの全体管理
- エコツアーの広報・普及活動
- エコツアーのモニタリング
- エコツアー実施に係る支援
- オープンカレッジの運営・実施
- 活動市民の会および推進協議会の事務局
- 視察・研修の受入対応

（業務委託）

（公財）日本生態系協会
◆事業
- 飯能市エコツーリズム推進に関する助言・指導
- オープンカレッジ等での指導
- 年度報告書の作成
- PRチラシ・ポスター作成等

（既存の取組および新規取組のキャッチアップ）　（運営実施）　（エコツーリズムの政策的推進）

飯能市内　エコツアー実施者（40団体）
◆事業
- エコツアーの企画・実施

内訳：
- 地域グループ15団体
- 森林・林業関係6団体
- 観光関係5団体
- エコツーリズム関係2団体
- 学校2団体
- 個人2団体
- 自然保護団体1団体
- その他団体6団体

エコツーリズムオープンカレッジ（年1回、3日間）
◆事業
- エコツアー実施のための知識技術の実践的講習

（修了者の活躍の場）

活動市民の会
◆事業
- エコツアーの企画・実施
- 年2回ニュースレターの発行
- エコツアーに関する意見交換

飯能市エコツーリズム推進協議会（25名）
◆事業
- 基本方針、ルール等の策定・見直
- 事業の推進管理
- 事前協議制度におけるチェック
- 今後の体制に関する協議
- モデルツアーの企画、実施
- エコツアー実施者への技術的支援
- オープンカレッジへの助言

➢委員のうちエコツアー実施者　14名

出典：飯能市資料、ヒアリング調査をもとに筆者作成。
注：エコツアー実施者のうち「その他団体」には、建築士事務所協会、ガーデニング関係、商店街、陶芸関係、漁協が加入している。

の基盤になる活動を開始したことである。山間地域で人口が減少しているが、古民家や里山の風景に魅力を感じた陶芸家、パンを焼いているドイツ人、彫刻家などの新住民が移住してきたことで、彼らが自分たちの作品の発表の場としてはじめた活動であった。

　飯能市がエコツーリズム事業を始めるにあたって、「お散歩マーケット」のような各地域で行ってきた活動をキャッチアップしてエコツーリズム化したことや、新住民と旧住民が一緒になって活動を行っているというスタイルは、飯能でのエコツーリズムの一つのあり方となっていった。こうした既存の活動を活かし、新住民・旧住民が合わさった形でのエコツアーの実施が「飯能らしいエコツーリズム」の形成につながったものと考えられる。

2）取組みの推進体制

　飯能市のエコツーリズムの推進体制の特徴は、図表10-2に示すように市民と行政が協働できる体制を取ったことである。

　まず、行政側での動きを見ていきたい。2004年に環境省のエコツーリズム推進モデル事業に採択されてから、飯能市役所内にエコツーリズムに関する部署が立ち上げられた。当初は、「環境緑水課」のなかに「エコツーリズム担当」が設置されていたが、のちに独立した部署として「エコツーリズム推進室」に引き上げられた。同推進室が市内のエコツーリズム推進のコンダクター的役割をとりながら、市民らを中心としたエコツーリズム実施者が各自でエコツアーを行う形で成立している。

　同推進室では事業開始当初は、市内にどんな団体があり、そこがどんな活動をしているのかを把握することから開始している。そのなかで、エコツーリズムの理念に合致しそうな団体や地域に「獅子舞など、以前から行っていた地域活動をエコツアーにしてみませんか」と声をかけ、エコツーリズムのエッセンスを入れ、エコツアーとして実施できるようにしている。例えば、野草教室や森林保全に取り組む団体や、先に挙げた「お散歩マーケット」など、エコツアーを政策として実施する前から活動を実施している団体に声をかけることからスタートしている。

　事業立ち上げ当初より、同市のエコツーリズムに対して専門的な助言・指導を行っているのは（公財）日本生態系協会[5]である。同協会では、飯能市のエコツーリズムへの助言や指導を行うだけではなく、オープンカレッジでの講師や専門家の紹介、報告書・エコツアーの広報チラシやポスターの作成を請け負っている。

　同市のエコツーリズムの活動理念や実施事業の方針を決める諮問機関的な役割を果たしているのは、「飯能市エコツーリズム推進協議会」である。同推進協議会では、市内のエコツアーの基本方針やルール等の策定や見直しをするほか、市内で実施されるエコツアーの審査を行い質の保証を行う機関としての役割を果たしている（この審査に関しては、後述する事前協議制度に詳細を記す）。モ

デル事業地区に採用された翌年の2005年には、推進協議会が立ち上げられた。そのなかで、「飯能市のエコツーリズムとはどういうものなのか」という基本方針を考え、2009年の全体構想につなげていった。この協議会の委員には、エコツアー実施団体の代表者等が多数参画している。

　エコツーリズム推進室が運営する取組みである「エコツーリズム・オープンカレッジ」は、エコツアーガイドの育成を目的に、年1回、3日間のカリキュラムを実施している。到達目標は飯能市のエコツーリズムの代表的な場所である天覧山周辺をガイドできるようになることである。一日目は座学が中心で、エコツーリズムとは何か、天覧山にはどのような資源があるかなどの講義を行う。講義後は、「参加者」としてエコツアーを体験する。二日目は、「エコツアーガイド」として、テキストを持ちながらグループ毎に案内体験を行う。テキストの内容は、地域の歴史や自然環境の解説だけではなく、ガイドを行う際の注意点も盛り込まれている（資料参照）。三日目は、実際にツアーの運営までを行わせ、ツアーのはじまりの挨拶から、最後の振り返りまでの一連の流れを体験学習させている。

　オープンカレッジの講師は、例年日本生態系協会を通じて依頼しており、生態系協会の職員や、大学教員等が講師となっている。近年は、生態系協会の職員が講師になることも多く、そのサポートを「活動市民の会」の会員やエコツアー実施団体の「ベテランガイド」が行っている。

　「活動市民の会」は、「エコツーリズム・オープンカレッジ」の受講後の受け皿として、修了者を中心に入会している組織で、2005年の第一回を受講した人達を中心に立ちあげられた。「活動市民の会」のガイドは、飯能市で生まれ育った者よりも大人になってから移住し、飯能市をさらに知りたいことや、交流を求めて係る者が多い。移住者で、エコツアーガイドになった者が地域のことを勉強して知識を持つには、地元住民から知識を得ないといけないため、そこで両者の接点が生まれている。移住者にとっては、飯能市のことが学べ、地元の人には当たり前だと思っていたことを「外の人はこんなことが知りたいのか」と気付く機会となっている[6]。

資料　飯能市エコツーリズム・オープンカレッジのテキスト

飯能市エコツーリズム

能仁寺　No.4

・概要
　室町時代の文亀元年（1501年）、飯能の武将・中山家勝が曹洞宗の名僧を招いて禅道場を開いたのが始まりとされており、家勝の子・家範が父の冥福を祈るために寺院を創建したそうです。
　能仁寺に祀られていた愛宕権現（あたごごんげん）にちなんで、天覧山はかつて「愛宕山」と呼ばれていました。

能仁寺

解説のポイント！
・山門前に能仁寺の解説看板が設置されているが、看板に書かれてある内容をそのまま話すのではなく、ツアーのテーマに関係することを簡潔に伝えるようこころがける。
・神社やお寺が所有する社寺林は、里地里山の重要な構成要素。天覧山の山林も、その多くが能仁寺の所有となっている。

22

飯能市エコツーリズム

カヤネズミ　No.32

・概要
　齧歯目ネズミ科。体重は7～14g。ススキ・オギ・チガヤなどが生える比較的乾いた草地で暮らす日本最小のネズミです。
　天覧入の草地にいます。ススキやチガヤなどの葉を編んでボール状にまとめた巣を、地面から1mくらいの高さにつくり、子育てをします。冬は地面にトンネルを掘って過ごします。植物の種や木の実、小さな虫を食べます。

資料：カヤネズミ（p.67）

かわいいカヤネズミ

解説のポイント！
・1円玉1枚が約1g。「体重は7gです」と言葉で伝えるだけでなく、1円玉7枚を手のひらに乗せてあげるとその軽さを実感してもらいやすい。
・エコツアーで巣を観察する場合は、繁殖期を避けたり、離れたところから望遠鏡を使って観察するなどの配慮を行う。

50

出典：飯能市エコツーリズム推進室資料。

第10章　地域行政によるエコツーリズムの導入と市民との協働　199

　エコツーリズム推進室による「活動市民の会」への支援は、「個人ガイドの集まり」のような状況であるため、ツアー化までの支援や、参加者の受付の窓口として支援をしている。そのため、他のエコツアー実施団体よりも、「活動市民の会」でのツアーには下見や企画立案に推進室の関与の度合いが高くなっている。エコツアー実施者とエコツーリズム推進室の職員等がツアー場所の下見をする場合は、危険個所をチェックし、どういうコースで回って、各ポイントでは何を説明するか、ガイドが複数いる場合は分担の方法を話し合っている。そして、エコツーリズム推進室から企画をしたツアーを行う際は、「活動市民の会」のガイドに依頼することもある。逆に、活動市民の会所属のガイドからの企画を受けて、活動市民の会のツアーとして作りあげる場合も見られる。
　2012年現在、飯能市内のエコツアー実施団体は約40団体が存在している。内訳は、集落組織をベースとした「地域グループ（15団体）」が最も多く、「森林・林業関係（6団体）」、「観光関係（5団体）」など多様なグループや個人が参画している。
　エコツアー実施者になる要件として、オープンカレッジの受講は必須条件ではない。エコツアーの実施を希望する団体は、企画に係る書類をエコツーリズム推進室に提出する。事前協議制度に基づき、飯能市のエコツーリズムに基本理念や内容が合致したツアー内容か、ガイドや定員、金額などが適切かなどがチェックされる。事務局および事前協議制度での認定を受ければ、新しいエコツアー実施団体として認められる。

　3）エコツアーの事前協議制度と事後評価によるツアーの質の維持・向上
　図表10-3では、飯能市のエコツアーにおける事前協議制度とツアー評価の流れを示した。
　飯能市でのエコツアーでは、エコツアー実施者は企画内容をツアー実施前に提出し、承認を受けることが求められる。ツアー実施の約4カ月前に事務局である飯能市役所エコツーリズム推進室に提出しチェックを受けている。同推進室の確認を受け、企画内容への指摘を受けて修正したのちは、エコツーリズム

図表10-3 飯能市におけるエコツアーの事前協議制度およびツアー評価の流れ

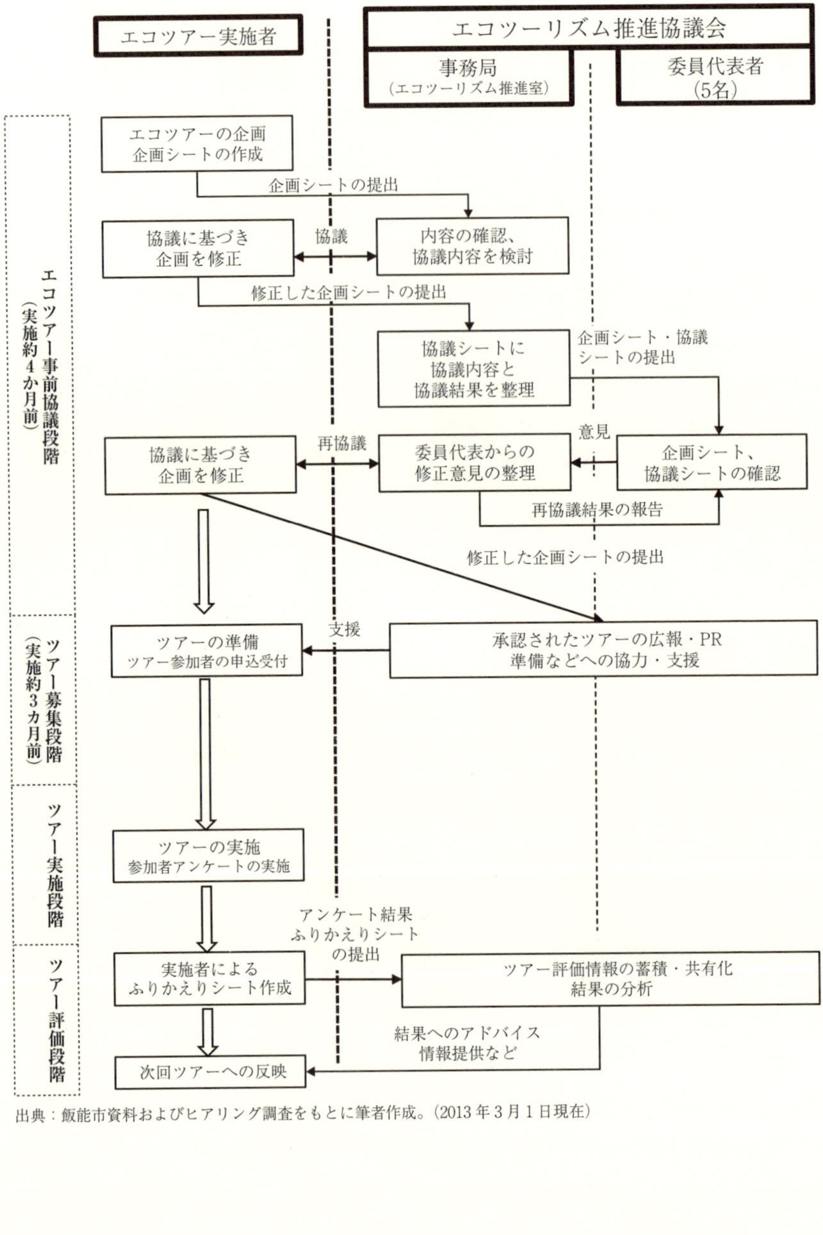

```
┌─────────────────┬─────────────────────────────────────────┐
│ エコツアー実施者 │         エコツーリズム推進協議会          │
│                  ├──────────────────┬──────────────────────┤
│                  │     事務局        │    委員代表者         │
│                  │ (エコツーリズム推進室)│      (5名)          │
└─────────────────┴──────────────────┴──────────────────────┘
```

【エコツアー事前協議段階（実施約4か月前）】

- エコツアーの企画／企画シートの作成
  → 企画シートの提出
- 協議に基づき企画を修正 ←協議→ 内容の確認、協議内容を検討
  → 修正した企画シートの提出
- 協議シートに協議内容と協議結果を整理
  → 企画シート・協議シートの提出
- 委員代表からの修正意見の整理 ← 意見 ← 企画シート、協議シートの確認
- 協議に基づき企画を修正 ←再協議→ 委員代表からの修正意見の整理
  → 再協議結果の報告
  → 修正した企画シートの提出

【ツアー募集段階（実施約3か月前）】

- ツアーの準備／ツアー参加者の申込受付 ← 支援 ← 承認されたツアーの広報・PR／準備などへの協力・支援

【ツアー実施段階】

- ツアーの実施／参加者アンケートの実施

【ツアー評価段階】

- 実施者によるふりかえりシート作成 → アンケート結果・ふりかえりシートの提出 → ツアー評価情報の蓄積・共有化／結果の分析
- 次回ツアーへの反映 ← 結果へのアドバイス・情報提供など

出典：飯能市資料およびヒアリング調査をもとに筆者作成。(2013年3月1日現在)

推進協議会のなかの委員代表者による協議を経て、承認を受けることが出来ればエコツーリズム推進室の支援を受けることができる。

　事前協議制度を経て、認定されたエコツアーと実施団体は、主に2つの支援が受けられる。第1に、「飯能市のエコツアー」としてツアーや活動の広報・集客に関する支援がある。第2に、エコツーリズム推進室が各エコツアー実施者の相談への対応や、ツアーの下見に同行するなどの支援がある。第3に、はじめてエコツアーを実施する団体に「エコツーリズム推進事業交付金」として財政的支援を行っている。

　事前協議の段階で特に検討される点は、ツアー内容がエコツアーの理念に合致しているかどうかや安全面等であるが、ツアー代金についても注視されている。エコツアーでは経済面でも適正な収益であるかが重要であるため、ボランティアとならないように、事前協議において確認し、安価すぎて赤字が出そうなものや高額過ぎるものに関しては指導している。そのため、必要経費やガイド報酬を計上した価格設定を、各実施団体で採算が合うように設定している。収入はすべて各団体に入り、保険代や経費もそのなかでまかなう形になる。事前協議シートの段階で内訳を提出させ、最少催行人数を割り出している。

　「活動市民の会」の場合、ツアーガイドが受け取る報酬は、徴収した参加費から経費を差し引いたものを、そのツアーで担当したガイドで頭割している。経費として、ツアー実施に係る保険費用、資料や事前の下見にかかった経費、ツアー時の飲食費や体験に係る費用などが挙げられる。そのため、ガイドで生計を立てるようなものではなく、同推進室には手数料等の収入はない。

　「活動市民の会」以外の実施団体での報酬の分け方は、各団体に任せている。

　ツアー経費のなかで重要な保険については、加入が義務付けられているが、業者や保険の種類は各団体の任意としている。そのため、エコツアー実施者間で保険の基準や料金についても互いに情報交換が必要ではないかとの意見が見られており、今後実施者間の意見・情報交換の場の形成が求められている。

　この事前協議制度では、ツアー前の検証だけではなく、ツアー後の参加者と実施者双方による実施後の検証が行われている。参加者には毎回参加者アンケ

ートを行い、実施者自身は「ふりかえりシート」を作成し、これらの結果を事務局に提出している。こうしたツアー情報が蓄積され、年次報告書等で共有化されることで次回ツアー等へ反映されることになっている。

　事前協議制度を行うことで、エコツアー内容の情報蓄積と改善に係る課題抽出をすることに加えてエコツアー実施者のスキルアップの場として、その時のテーマに係る勉強会の実施や、要望があれば必要な知識がある専門家の招聘、もしくは紹介等の支援をしている。

　ガイド技術の向上には、2009年より「ステップアップ講座」を実施している。例年はガイド技術の向上を中心とした内容で、年に1日だけ開講していたが、2011年度より主旨を変えて、エコツアー実施に係る専門的内容を深めるものとして2日間の実施となった。2011年度は、飯能市エコツーリズム推進協議会の副会長であり、インタープリテーション協会の代表である人物に依頼し、ツアー企画の立て方とインタープリテーションを学ぶ二日間のコースを実施している。

4）エコツーリズムの普及・広報活動

　エコツーリズム推進室では、事前協議制度を経て認証されたエコツアーを掲載した広報チラシ・ポスターを年6回発行、各1万5千部発行して参加者の誘客と広報活動を行っている。これらのチラシは、日本生態系協会へデザインを委託し、印刷製本費は市の予算で行っている。発送業務も市の予算であり、エコツーリズム推進室の3名で発送作業をしている。

　ツアーのチラシやポスターは、市内の公共施設（公民館等）、観光案内所、公共交通（埼玉県・東京都を中心に営業するK社のバス780台分にチラシを置く）、市内の観光施設（日帰り温泉施設、宿泊施設）、エコツーリズム実施団体、金融機関、都内にある埼玉県のアンテナショップ、西武鉄道の駅構内、関係各所等に配布している。こうしたPR展開から、さいたま市や川口市からのエコツアー参加者が多くみられている。

　市内向けの取組みの普及活動として、エコツーリズム推進室では自治会や学

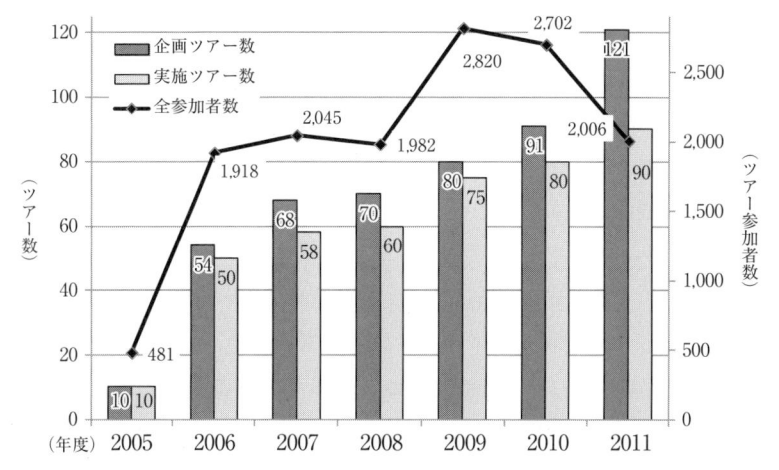

図表10-4　飯能市におけるエコツアーおよび参加者数の推移

(年度)	2005	2006	2007	2008	2009	2010	2011
企画ツアー数	10	54	68	70	80	91	121
実施ツアー数	10	50	58	60	75	80	90
全参加者数	481	1,918	2,045	1,982	2,820	2,702	2,006

出典：ヒアリング調査および『各年度版　飯能・名栗エコツーリズム推進モデル事業業務報告書』(2006年-2007年)、『平成19年度エコツーリズム推進事業業務委託報告書』、『各年度版　飯能市エコツーリズム推進事業』。

校の依頼に応じて出前講座を行っている。この講座はオープンカレッジのように実際にツアー実施の手法に踏み込んだ内容ではなく、エコツーリズムとはなにかを理解をしてもらうための内容である。

　市内向けの広報活動をより日常的に行うものとして、チラシだけではなく、2011年より市内デパートの市民活動センター内に、エコツーリズム啓発コーナーを設置した。市民によるエコツーリズムを浸透させるために、市民活動センターの一部に、エコツーリズムに関するパネル展示やチラシを置き、理解促進と活動への参画を促している。

5）取組みの現状

　図表10-4では、2005年から2011年までの飯能市でのエコツアー数と参加者数を示した。2005年にエコツアーを開始して以降、年々ツアー企画数・実施数ともに伸びを見せている。年々、エコツアーが増加しているのは、既存のエコツアーの継続実施に加えて、新しい企画やエコツアー実施団体の増加に

伴うものである。エコツアーの企画数と実施数の差は、震災等天候の影響で中止になったものが殆どであり、ツアーの最少催行人数に満たなくてもなるべく実施するようにしている。

　2005年の初年度以降、ツアー参加者は増加傾向であったが、2011年度は前年よりも約700人減少している。2011年度のツアー参加者数が前年度よりも減少している理由は、東日本大震災に伴い春から夏にかけてのツアーで中止になったためである。

　エコツアーのプログラム内容について、最も多く行われるツアーは「自然環境」に関するツアーである。全ツアーに占める実施数の割合は、2009年度は42.5%、2010年度は45.1%である。ついで多く取り組まれるのは、「生活文化」に関するツアーで、2009年度は42.5%、2010年度は34.1%である。以下、「歴史・伝統文化」に関するツアー（2009年度は11.3%、2010年度は8.8%）、「伝統産業」に関するツアー（2009年度は2.5%、2010年度は1.1%）である。近年は、これまでの枠に縛られない「その他」の内容を持つツアーが増加している（2009年度は1.3%だったものが、2010年度は11.0%まで増加している）[7]。

　エコツーリズム推進室では、地域住民から新しいツアーの提案を受け、支援活動を行っている。アート書道を取り入れたエコツアーでは、市内の書道家の相談を受け、植物を使った書道と外来種の植物を結びつけて、外来種の植物を筆にして書道をする内容が発案された。飯能河原を散策しながら外来種や生態系に関する講話を行ったあと、外来植物を採取して筆を作り、それを使って公民館で書道を行う内容である。

　「活動市民の会」から提案されたツアーとして、2011年秋と2012年春に実施した「座禅ツアー」は夫婦で同会に入っているメンバーの発案で開始された。その夫婦は天覧山麓の能仁寺で座禅を行うツアーを長年温めていて、エコツーリズム推進室の職員が相談を受けたことをきっかけに実現に至った。開催までには同推進室の職員も寺への相談や下見に同行し、ツアー企画を立てていった。

　ツアー客を増加のために、コンセプトづくりを重視し季節性を重視した継続的なツアーの実施を試みている。里山に埋もれているものを活かして楽しもう

という「里活シリーズ」では高齢化しているという集落のなかにある資源を、来訪者と楽しみながら保全・活用する内容である。「里活シリーズ」の第一段は「山のおばあちゃんの干し柿」づくりで、定員30名に対して28名集まるなど、初回として反応が良かったものである。第二弾は「取りきれない柚子」を活用し、市内でお菓子教室をしている人物が講師となり「主婦パティシエと柚子の菓子作り」を行った。

参加者層の拡大については、若年層へ向きのツアーの増加をしたい意向がある。若者層向きのリバー・ウォーキングの実施に向けて飯能市内の大学と連携したモデルツアーによる検証を試みている。加えて、環境教育要素を持った子供向けのエコツアーとして、学校単位での誘致を試みている。ガイド付きで天覧山を登るものや、小学校低学年の場合はネイチャーゲームを実施するなど、子ども向きの内容を学校からの要望に応じてオーダーメードするとしている。埼玉県内の学校にPRをして、2012年秋に3校が実施した。

同推進室では、林業をはじめとした地場産業に係るプランを増やしたいとしている。駿河台大学の客員教授で、旧名栗村で生まれ育った人物が企画・運営した「西川材物語ツアー」では、杉の苗を育てている畑の訪問からスタートして、実際に植樹している山や間伐の見学を行い、最終的には西川材を使った家を見学して、製造から利用まで一連の西川材の流れを見させる内容としている。また、飯能焼の復活や飯能紬など、かつての伝統工芸に係るツアーなどの実施が期待されている。

3　飯能市における取組みの成果と課題

(1) イノベーションの発現――地域資源を活かした市民参画型のエコツーリズムの形成――

飯能市のエコツーリズムの推進によって、地域社会におけるエコツーリズム実施の手法のひとつとして、地域資源を活かした市民参画型のエコツーリズム

の実施体制を形成するというイノベーションが見られた。従来の地域活動であるグリーンツーリズム、自然環境保全や建造物保存に関する市民活動、集落の祭りや芸能など、地域の既存の取組みにエコツーリズムの理念や手法を導入することで、取組みのブラッシュアップと体系化が図られている。

　そして、飯能市のエコツアーでは「地域住民が主催者」という特徴から、多様な専門性を持った人々が各々の地区から参画することで、一地域のなかでも多種多様なバリエーションのツアーが実施できるようになった。他地域のエコツアーではプロによる事業実施が中心だが、飯能市では地域住民がエコツアーを企画から実施、事後評価まで行うことによって、市街地から山間部まで広範な地域性をもった各集落の取組みをエコツアー化できることにつながっている。また、野草の専門家、書道の先生、建築家、ガーデニングやアロマに詳しい人、林業に携わる人など、様々な職種の人が、それぞれの専門性を活かしたツアーが実施できる体制が形成されている。

(2) イノベーションの評価と課題

　飯能市の取組みによって、エコツーリズムという考え方や手法を用いた交流事業を行うことによって、地域住民が自分の住む地域に興味・関心を深め、誇りと愛着を感じる機会ができたことに大きな成果がある。今後は、エコツアー実施者だけではなく参加者など、さらに多くの人々の参画を促すことで、地域の自然環境や歴史文化を保全し、利活用していくことが期待されよう。

　そして、市の方針として「エコツーリズムのまち・飯能」と位置づけ、行政内に専門部署を設置したことで、事業期間内だけではなく継続した取組みと支援を行うこととなった。こうした市による推進体制の形成は、エコツアーの事前認証制度を通じて、適正なツアー内容かどうかを検討することで、ツアーの質の向上とエコツアーの理念に合致した取組みを維持することとなった。また、オープンカレッジやステップアップ講座の実施により、エコツーリズムへの市民参画のすそ野を広げたことや、多様な主体の参画が実現している。

　結果として、同市のエコツーリズムの推進によって、(1)行政、地元住民、新

住民の協働・交流の機会を形成し、地域理解の促進と生きがいづくりに寄与したこと、(2)「あたりまえの生活圏」をエコツーリズム化し地域全域にて実践したことは、他の地域にないエコツーリズムの形成につながったこと、(3)既存の地域活動の情報集積と共有化を図り、質の向上を図るシステムが導入されたこと等が挙げられる。

同市の活動は、2008年にエコツーリズム大賞として国内の評価を受けただけではなく、近年は海外からの視察が訪れるなど、地域性を活用した市民と行政の協働によるエコツーリズムの体制が、国際的に見て独自性や先進性を持った活動として評価を受けている。

取組の課題点として、第1に飯能市でのエコツーリズムを、エコツアー実施団体がモチベーションを下げず、また疲弊しないで永続的に実施していけるかという点である。そのため、短期的な対応であると人材の確保や、新規のプログラム立案をして集客を増やす点など重要となっている。また、長期的な展望に立った場合は、エコツーリズム推進協議会でも協議されている独立したエコツーリズム推進組織である「エコツーリズムセンター」を、行政だけではなくエコツアー実施者間の合意と協力を得たうえで設立し、持続的な運営が行える体制づくりが望まれる。

第2の課題として、エコツーリズムの年間の集客が2,000人台で推移している状況をふまえ、今後は飯能市の観光客に占めるエコツアー参加者のウェイトをさらに増加させていく点である。

第3に、エコツアー実施者およびガイド間の「横のつながり」をより強化していくことである。これまでの同市での取組みでは、交流がある関係者は別として、団体間が集まって意見交換する機会がなかった。そのため、2011年度に「活動市民の会」の会員への意向調査を行ったのち、2012年から意見交換会を開催している。今後は、「活動市民の会」だけではなく、そのほかのエコツアー実施者間の意見交換の場づくりが求められる。そのことにより、今後も取組みの継続性と飯能市でのエコツアーの振興に寄与するものと思われる。

4　おわりに

　以上までにおいて、飯能市におけるエコツーリズムの取組みを概観した。

　同市では、市の一セクションとして「エコツーリズム推進室」が設置され、今後の10年を計画した市の総合振興計画においてもエコツーリズムが位置付けられていることから取組みは継続されるものと思われる。

　その一方で、国内のエコツーリズムの現状をみると、「エコツーリズム推進法」は制定されたが、2010年の事業仕分けにより環境省のエコツーリズム関係の事業費の予算計上を見送るとの判定を受け、その推進には各地域での取組みに任せられる時期となっている[8]。

　飯能市においても今後のエコツーリズムの推進体制については、検討の段階にある。エコツーリズム推進協議会において、「エコツーリズムセンター」の設置が議論され、市民による自立的な運営のあり方が模索されている。しかしながら、現在活動している人達がツアー運営に加えての事務作業やその他の業務を請け負うにはまだ難しい状況があり当面は現行の体制で実施されるものと思われる。

　現状において、飯能市では地域観光や各取組みにエコツーリズムの要素を入れたことで、活動の実施とそこで生じてくる課題を実施前後に検証できるシステムが実現したことと、その解決のために検証する仕組みが出来たことが、地域観光における最大のイノベーションと思われる。

　同市のエコツーリズムのような仕組みの導入は、各地域への移植と地域性に合わせた対応が可能であると思われる。一方で、地域社会においてエコツーリズムを導入していく際、地域住民だけではなく、行政や関係する事業者等がその価値や意味合いを理解したうえで、継続的な取組みとして実施することが肝要であるだろう。

謝辞

本原稿の執筆にあたり、飯能市役所エコツーリズム推進室のみなさま、エコツーリズム実施者のおひとりである浅野正敏様には多大なご支援をたまわりました。この場をかりて、深く御礼申し上げます。

注

1) 小宮山直子「各地から10の報告・埼玉県飯能市　学校がゴルフ場に飲み込まれる！」(1990年)『世界』6月号。
2) 環境省のエコツーリズム推進モデル事業では、一地域約500万円を上限に補助している。
3) 旧名栗村は合併前の人口が約2,600人の山村地域で、林業で栄えた村であった。合併調印後の同村長は「ひたすら村であり続けた名栗村の希少性と、守り続けた歴史と文化への断ち難い思いを多くの住民が抱いている（毎日新聞・地方版、2004年5月27日）」と住民の声を代弁している。編入合併に際して村民の意向調査は7割が賛成であったが、旧名栗村での取組みを残しながら利活用できる取組みとしてエコツーリズム推進モデル事業への公募に至った。
4) 環境省のエコツーリズム推進モデル地区に採択されてからの3年間は、環境省のエコツーリズム推進モデル事業の補助金が、業務委託先である日本生態系協会に歳入されることで間接的に国からの補助があった。2012年現在は、環境省からの補助事業は受けていない。2011年度、2012年度は新たな国の補助事業である「地域コーディネーター活用事業」の採択を受け、飯能市エコツーリズム推進協議会に補助金が給付されている。推進協議会に予算を持たせることで、永続的なエコツアーを実施するためのモデルツアーの企画と検証、人材育成を行うものである。これまで同市エコツーリズム推進協議会は、「諮問機関」という位置づけで予算を持っているものではなかった。2011年度は市から2分の1（150万円）、国から2分の1（150万円）の予算を出して、合計300万円の事業として実施している。加えて、市直接のエコツーリズム予算により、エコツーリズムの普及・定着に係わる専門的な技術などの支援を生態系協会から受けている。
5) 同協会は、環境教育、計画作り、調査などコンサルタント的な役割を果たしている。
6) 例えば、新興住宅地区の美杉台というところをフィールドとしている団体は、新住民と旧住民の双方がいる団体である。旧住民主体の実施団体の場合、地域の自治会グループの集まりが中心である。NPO形態の団体の場合は、新住民と旧住民が混在している場合が多い。
7) 『平成22年度　飯能市エコツーリズム推進事業報告書』(2011年) 飯能市、飯能

市エコツーリズム推進協議会。
8) 朝日新聞（2010年11月19日参照）。事業仕分けでは「国がエコツーリズムを実施する必要性はない。（事業の）効果が検証できない」との判定を受け、2011年度の概算要求である1億1,200万円が棄却された。この判断に対し、飯能市長は「地方の発展に寄与している事業まで無駄と判定されるとは思わなかった」としている。

参考文献
大野裕司（2010）「飯能市におけるエコツーリズムの展開（生物多様性からみた自然公園のツーリズム）」『国立公園』(682) 7-10頁。
大野裕司（2010）「里地里山の身近な自然と生活文化を活かした飯能市エコツーリズム（飯能市）（特集 基礎自治体の環境行政―持続可能な社会の実現）」『月刊自治フォーラム』(604) 40-44頁。
「よく分かる環境法　エコツーリズム推進法」(2009)『日経エコロジー』12月号。
(2005)「町並みを味わい、里山にふれあい、河原で憩う飯能（特集 ウォーキングで環境を守ろう）（エコ・ウォーキングの提案）」『ナショナル・トラストジャーナル』(20), 16-20頁。

終章　イノベーションによる地域活性化の展望

飯島　明宏
佐々木　茂
佐藤　公俊

1　はじめに

　本書はここまでイノベーションと地域活性化の事例を分析してきた。ここで取り上げられた事例をイノベーションと呼ぶのが「生産手段の新結合」という観点からどこまでふさわしいと言えるのか、地域活性化についてはそれが客観的に主張し得るものなのか、持続的なものなのか一過性のものなのか、などという問題はある。また本書では分析手法はそれぞれの学問分野の方法によって行われており統一されてはいない。本書に取り上げられているある分野の事例を他の方法で分析することによって新たな知見を獲得することも可能になるかもしれないが、この点に関しても読者の評価を待たねばならないところであると考える。

　ただし、本書の分析を通じてイノベーションによる地域活性化に必要とされる課題を最大公約数的にではあるがまとめ、今後の展望を行うことは研究の面からも実践の面からも重要なことであると考える。ここではそれぞれの事例を分析した研究者が示す今後の課題を概観することにより、今後の展望を論じたい。

2 課題の概観

　第1章では「地域イノベーションの視点」を取り上げた。地域イノベーションは、実践面でも研究面でも、これからのアプローチ方法である。特に、付加価値を高めるような活動に地域全体で取り組む時に、地域内でのリーダーシップを有する人材不足、超高齢化、自治体の経営センスの問題など、自主的に取り組む主体をどうするかといった点が問題になる。さらに、地域資源の掘り起こし方、そのブランディング、販路の確保といったマーケティングの課題に加えて、資金調達や人材育成など、課題は山積である。その意味で、地域内で外部に対してオープンなコミュニティであろうとすること、そして、少しずつでも外部に人を送り込んで、人材の交流の機会を増やすことが大切なのではないだろうか。

　第2章では「農業・農村におけるイノベーション」を取り上げた。わが国農業を取り巻く状況は厳しいが、地域内外の人・組織の新たな関係構築、多様な地域資源を活用したビジネスにチャレンジすれば、大きな可能性があることを実態は示している。まさに「新結合」＝イノベーションである。この意味でイノベーションは実践の理論である。今、必要なのは全国の農山村地域における主体的・実践的なイノベーションの積み重ねであり、それが、多様な農村地域資源の「新結合」、都市と農村の「新結合」のヒントとなるであろう。また、経営・産業としてのイノベーションが持続的な農村社会の維持に結びつくことを実証していくことも重要な課題である。こうした実践が農業・農村イノベーションの理論をさらに豊かにしていくであろう。

　第3章では「地域づくり活動を通した地域金融機関におけるイノベーション――信用金庫におけるイノベーション事例――」を取り上げた。地域金融機関は地域経済と一蓮托生というべき関係にある。地域経済の落ち込みは、そのまま地域金融機関の体力の低下を示しており、バブル経済の崩壊以来、信用金庫の相次ぐ合併、破綻はこれを裏付けるものであろう。地域金融機関に対しては、

地域経済の盛衰と共に歩むだけの存在ではなく、地域経済を活性化させる役割が求められている。その際、地域振興活動を社会貢献やボランティアの対象としてではなく、ビジネスの対象として捉える、つまり、地域における起業家、あるいは社会起業家を発掘し、育成することが課題となる。また、地域の活性化というと、これまで属人的な要素がクローズアップされているが、個人の力に頼るだけではなく、組織としてこれに取り組む必要がある。こうした点を地域金融機関のトップがいかに認識し、行動に移せるか、という点が課題となるだろう。

　第4章では「高崎食品リサイクルループ事業の展開と可能性」を取り上げた。食品リサイクルループは利害が異なる地域の各種団体が食品ロスをなくそうと協力し、これまで廃棄していた新鮮で安全な食品残渣を有効に活用し、持続可能な循環型社会を構築することを目指すイノベーティブな活動である。この事業は半径20km～30kmの規模でのエリア性を帯びた取組みである。あまり広がると残渣の鮮度も落ち、回収に環境負荷がかかり、活動の意味や価値が半減する。それゆえ、この事業が全国的に展開されるためには地域を拠点に仕組みを作るしかない。したがって各地に地産地消の仕組みが構築されることが必要となる。また、活動の評価として、①環境負荷の視点（廃棄と再利用、遠隔地輸送とコンパクト回収）、②経済活性化の視点（飼料代、肥料代、流通・販売）、③教育の視点（環境問題の学習、食料・農業問題の学習）からの分析、およびホスピタリティ概念との相互関係性を明確化することが求められる。

　第5章では「産学協働による地産地消の推進と地域活性化の試み――『たかさき昼市』を例にして――」を取り上げた。たかさき昼市は学生が主体的に運営して、生産者、中心街の方々の協力を得て、今後も事業が継続できる体制を整える必要がある。しかし、現状では補助金を受け取っていないために、大規模な宣伝活動はできず、来場者数が伸び悩んでいる。市内の他のイベントと連携して、相互に広報をするなどを行っていきたい。また、問題点として出店者が伸び悩んでいることである。他都市、他地域の朝市などと比較して、たかさき昼市では、地元の商店街からの出店が少ない（現状では1店のみ）。地元の商

店の出店が無いと規模拡大には無理があり、「中心市街地の活性化は誰にメリットがあるか」の根本的な問題に振り返って、地元の商店街とのさらなる連携を図っていきたい。

第6章では「地方議会におけるイノベーション──改革の実践と刷新の倫理──」を取り上げた。機関対立主義を超えた二元代表機関の競い合いによって、地方議会におけるイノベーションの機会は大きく高められる。地方分権一括法が施行され、ひところ改革派知事がとくに注目されたが、これに呼応するように各地で先進地方議会が誕生している。とはいえ、地方議会のイノベーションのためには、組織内部における改革への強いこだわりと継続への意思が重要である。その意味では、第一に組織内の動機付けがなされるかが最重要課題である。地方議会にとっては、地域住民を意識した上で、地方議員と議会事務局職員が連携して着実に改革の成果を上げていくことが必要であり、議会基本条例はその集大成であると考えられる。

第7章では「地方自治体における地域政策研究の内部化と地域活性化──東京都町田市を事例として──」を取り上げた。近年のわが国では、地方分権に向けた議論が活発に行われ、その実現に向けた動きもみられるが、同分野の研究の中には地方分権に否定的な意見も少なからず存在する。その理由のひとつに、現在よりも大きな権限と税源を受け取るに足りるだけの政策力を地方自治体は有しているのかという疑念がある。

分権型社会への移行に伴って、今後、さらに激しさを増すであろう地域間あるいは自治体間の競争を勝ち抜くには、地方自治体の政策力向上は欠かせない。そして、これまでの中央集権的な仕組みの中で、国の出先機関として仕事をこなしていればよいという時代とは別れを告げなければならない。

そのような意識と覚悟が現在の地方自治体にはあるだろうか。少なくとも、国からの補助金に大きく依存している地方の自治体では、本書で紹介されている東京都町田市のように、東京郊外にあって激しい競争の風を感じ始めている地域の自治体のような雰囲気は感じられない。

第8章では「地域産業政策におけるイノベーション──大阪府八尾市の取り

組み──」を取り上げた。地域産業政策においては、効果的な施策を市民・事業者参加のもとで創出する仕組みづくりが必要であるとともに、その施策を効果的に機能させるため、アドバイスやコーディネートをするためのコーディネーター人材の確保と活用が求められる。また、地域産業政策を理念において支える中小企業振興条例の制定も望まれる。これらを実現した八尾市の取組みは、地域産業政策におけるイノベーションの成功事例として評価したい。地域においては、八尾市の取組みのように、地域の実情と中小企業のニーズに則し、地域の諸主体が参画する地域産業政策の推進が求められる。

第9章では「環境政策への住民参加を促す新しい環境評価手法の導入」を取り上げた。

環境評価という政策形成のプロセスに住民参加を促す取組みは、住民に環境保全の主導権を与えるという視点において新しいアイディアといえる。環境評価への参加が地域における環境保全活動を活性化させる動機づけとなり、環境保全の主導権が地域住民へと移行しつつあることは確かなようである。このような変革は、経済的手法や規制的手法による既存の環境政策に相乗効果をもたらす可能性を秘めている。この文脈において、住民参加型の環境評価手法の導入は、環境政策分野において革新的な一面を有しているといえる。環境評価への参加が個人の環境配慮行動に結実しているかどうか、定量的な分析と評価を行っていくことが今後の課題といえよう。

第10章では「行政と市民が協働した地域におけるエコツーリズムの推進」を取り上げた。飯能市だけではなく、日本においてエコツーリズムの理念やそれに基づく観光システムを導入した際に、各地域では下記の三点のような課題が挙げられる。第一に、行政・事業者ともに、エコツーリズムへのモチベーションを下げず、また疲弊しないで永続的な取組みとして自律的な実施が実現できるかという点である。2007年にエコツーリズム推進法が施行されたものの、現状では中央省庁の予算削減等によって、取組みをやめてしまう自治体も見られる。第二に、一般観光に対し、エコツアーを志向する観光客をいかに増加させていくかが課題となっている。エコツアーは一般の観光市場のなかでもニッ

チ的な市場であり、エコツーリズムの普及と取組継続には、消費者である観光客への理解促進が求められる。第三に、エコツアー事業実施者やガイド間の連携あるいは「横のつながり」が乏しい点が指摘できる。特に、飯能市のように地域全体の活動として実施する際には、関係各者の連携が不可欠となっている。

3 展望

それぞれの領域における課題を概観した上で、最後にイノベーションによる地域活性化の今後の展望について以下の2点を指摘したい。

第一に、イノベーションによる地域活性化が成功するための一つの鍵として、実践を意識した研究が必要だ、ということが挙げられる。学問には理学と工学とがある（根岸, 1994）。理学はそこに現象が存在するから分析をする、というタイプの学問である。それに対して工学は目的があって、その目的を実現するために分析をするというタイプの学問である。「鳥が空を飛ぶのはなぜなのだろう」とそのメカニズムを解明するのは理学である。それに対して「人も空を飛べるようにしよう」と、とりあえず人そのものが空を飛ぶことではなく航空機を研究するのが工学である。前者は主に物理学（理学）で行われるし、後者は物理学を基礎とした工学で行われる。理学と工学の関係は基礎と応用と言い換えることができるだろう。

社会科学、殊に地域政策を考えるということは、理学と工学の図式から考えればまさに工学の研究をしているということにほかならない。地域活性化はその現象自体を分析するというよりもそれを目的として、活性化が引き起こされるメカニズムを一般的に追求する試みにほかならないのである。地域活性化を研究する（あるいは研究しつつ実践するまたは実践しつつ研究する）者は、それが目的を達成するための手段であることを自覚して研究過程を管理することが重要である。本書では企業、行政、住民の知識や能力の組み合わせによる資源の活用という視点を持っていた。企業であれ行政であれ、利潤の最大化や最も良い公共生活の実現という社会的使命を持った存在である。だとすれば研究者はそ

のことを意識することによって地域活性化に貢献することが可能となる。

　第二に、序章でも取り上げた人的資源の重要性である。イノベーションにおいてキー・パーソンの存在は重要である。特に政治過程における首長の影響力の大きさは企業におけるそれよりも大きいであろう。先進的な自治体を調べればそこには必ず有能な首長がいるといっても過言ではないし、首長がイノベーティブな取り組みを行う自治体が先進的な自治体として取り上げられている可能性もある。ただし、ここで主張したいことは、キー・パーソン頼みの地域活性化は持続性が無くこれからのモデルにはなり得ないのではないか、ということである。キー・パーソンが現れること自体は歓迎すべきことだが、システムとして地域を運営していくことができなければすべては一過性に終わってしまう。このことについて以下の3点を指摘したい。

①人的資源の発掘

　課題の一つは序章でも強調したが、人的資源をいかに発掘するかである。人的資源の発掘は企業も行政も重要視しており、行政でもこれまで消極的であった中途採用を活用し始めているところもある。しかし序章でも指摘した通り地域活性化に必要な人材を自前ですべて揃えることは不可能であると考えて良いだろう。

　逆にいえば人材は世界中にいるのだから、人的資源は仮にネットワークを作り上げることができれば無尽蔵であると考えることもできる。そうであるのならば、必要なのはつながる、交流するという意思なのだ、ということである。イングランド中央銀行総裁にカーニーカナダ銀行総裁が決まったという2012年の報道は、人材を本当に求めるのであればこのような大胆な試みも必要となることを教えてくれるものである。ネットワークの力を活かす、ということが今後の課題となってくる。

　地域活性化について需要側について観光客などの交流人口を増やすことについては多く指摘されることであるが、供給側、つまり地域社会を形作っている企業、行政、住民についても外からの人材が広く活用されることでイノベーションの可能性が高まるだろう。昨今は特にNPOという住民側のセクターが行

政に参画するなどの事例も見られ、このような取り組みは今後広がって行く可能性がある。

② 人的資源の能力向上

　人材はすべて資源として活用しなくてはならないのだから、個々の人材の能力向上も必要である。本書では主要なアクターとして住民、企業、行政を取り上げているが、それぞれに能力向上が必要である。このうち企業人は客観的な数字で評価されることが通常であり能力向上ということに関しては最もなじみがあるところである。行政については、公務員はその能力を外部から厳しく評価されることがなかった。しかしながら地域の自立を併せて考えた時に、行政職員の能力評価および能力向上は急務である。そのための仕組みが整えられないまま地域活性化の取組みが行われても、ある場合には成功しある場合には失敗した、ということの連続になりかねない。システムとして取組みを成功させるためにはシステムの使い手＝行政職員自体の能力評価および向上が必要になってくる。

　そして最も重要なことは住民の意識改革と能力向上である。これは現在の水準が低いということではなく、常に地域活性化については住民が主役であり住民が望まなければそれをする意味がない、という意識の大切さを主張したいということである。プライベート・セクターに関してだけではなく、パブリックセクターに関しても住民が主役であることは言うまでもないが、パブリック・センターにおいては特に住民が主役としての意識を持つことは課題である。

③ システムとしての取組み

　序章でも取り上げたイノベーションにおけるシステムの重要性であるが、このことについてもやはり課題は多い。革新的な取組みはやはり多くはキー・パーソンに依存しがちである。キー・パーソン依存の取組みは個人芸であり、その人がいなければ再現不可能なものである。このことにはいくつかの問題がある。

　一つは、個人の能力に依存してしまうということは個人の能力の限界が取組み自体の限界につながってしまう、ということである。イノベーションは次の

イノベーションをもたらさねばならず、一度起こったイノベーションが常に革新的であり続けるというわけにはいかない。知識やアイディアは常に次のイノベーションを目指して組み合わせられなければならないが、個人の能力に依存してしまうと他の人々がその意思を失ってしまうことが考えられる。これはイノベーションの持続可能性の問題と言い換えることもできる。システムの整備を伴わない、個人の能力に依存したイノベーションは一過性のものに終わってしまう可能性が高いのである。さらに属人的なものの危うさ、という問題もある。属人的であるがゆえにその成果が組織や社会に還元されないで終わってしまうのであれば、それをイノベーションと呼ぶことは出来ないであろう。

これらの課題を解決するために、システムを作ることが大事である。システムは使い手の人間が同じように扱えば、同じようなアウトプットが産まれる、というものである。もちろんシステムそのものは手続きを重視するものとなったりシステムの自己増殖を目指したりするようになるなどの問題も持っているが、そのことをシステム内部で回避するサブシステムも内蔵していなければならない。何れにせよシステムというのは常に課題となる。

4　おわりに

われわれのイノベーションによる地域活性化研究の取組み、あるいは実践はまだ緒についたばかりである。イノベーションの視点を維持しつつ、それぞれの研究者の方法（discipline）を横断して分析を試みることにより、そしてその研究成果を受けて実践を試みることにより、地域社会の持つ潜在力を顕在化させていくことがわれわれの使命であると強調して結びとしたい。

参考文献
武石彰・青島矢一・軽部大（2012）『イノベーションの理由』有斐閣
根岸毅（1994）「政治学とは何か」萩原能久・河野武司・根岸毅・向山恭一・田中宏　『国家の解剖学』日本評論社

一橋大学イノベーション研究センター編(2001)『イノベーション・マネジメント入門』

中村匡克（なかむら　ただかつ）
　1974年、群馬県生まれ。
　現在、高崎経済大学地域政策学部准教授。
　専攻は地方財政、公共選択、経済政策。
　主な著作に「ごみ減量政策とリサイクル促進政策の効果」（共著、『計画行政』第30巻4号、日本計画行政学会、2008年）、「地域主権の実現と地域政策」（『地域政策を考える―2030年へのシナリオ―』、勁草書房、2009年）、がある。

河藤佳彦（かわとう　よしひこ）
　1959年、大阪府生まれ。
　現在、高崎経済大学地域政策学部教授。
　専攻は地域産業政策論、地域経済論、中小企業論。
　主な著作に『地域産業政策の新展開―地域経済の自立と再生に向けて―』（文眞堂、2008年）、『分権化時代の地方公共団体経営論―公民の望ましい役割分担について考える―』（同友館、2011年）、「産業集積の再生と発展を促進する地域産業政策―3つの産業集積の比較考察―」（『中小企業のイノベーション［日本中小企業学会論集　第31号］』、同友館、2012年）がある。

飯島明宏（いいじま　あきひろ）
　1977年、群馬県生まれ。
　現在、高崎経済大学地域政策学部准教授。
　専攻は環境科学、環境動態学。
　主な著作に「Emission factor for antimony in brake abrasion dusts as one of the major atmospheric antimony sources」(Environ. Sci. Technol., 2008)、「Antimony in airborne particulates: a review on environmental monitoring and potential sources」(Airborne Particles, Nova Science Publishers, 2009)、「Concentration distributions of dissolved Sb (III) and Sb (V) species in size-classified inhalable airborne particulate matter」(J. Anal. At. Spectrom., 2010) がある。

片岡美喜（かたおか　みき）
　1978年、愛媛県生まれ。
　現在、高崎経済大学地域政策学部准教授。
　専攻は農業経営学、農業教育。
　主な著作に「日本の観光政策における自然観光資源の位置づけとその現状―草津町の事例より―」（『地域政策研究』第11巻第4号、高崎経済大学地域政策学会、2009年）、「農と食の連携による地域農林業の維持・発展方策の限界とブレイクスルー」（『農林業問題研究』第46巻第4号、地域農林経済学会、2011年）、「学校給食にみる都市・農村交流」（『都市と農村：交流から協働へ』、日本経済評論社、2011年）がある。

【執筆者紹介】(執筆順)

佐藤公俊 (さとう　きみとし)
　1970年、宮城県生まれ。
　現在、高崎経済大学地域政策学部教授。
　専攻は政治学、公共政策、政策過程論。
　主な著作に「国会の制定法と政省令」(『日本の統治システム―官僚主導から政治主導へ―』、慈学社、2008年)、「グローバル化と日本政治」(『日本の政治と行政』、芦書房、2012年)、「戦後財政改革の歴史と理論」(共著、『公共政策の歴史と理論』、ミネルヴァ書房、2013年)、「不確実性の政策過程モデル」(『公共政策の歴史と理論』、ミネルヴァ書房、2013年) がある。

佐々木　茂 (ささき　しげる)
　1959年、東京都生まれ。
　現在、高崎経済大学経済学部教授。
　専攻はマーケティング、流通システム、ツーリズム。
　主な著作に『流通システム論の新視点』(ぎょうせい、2003年)、『サービス＆ホスピタリティ・マネジメント』(共著、産業能率大学出版部、2011年)、「地方自治体の総合的な国際戦略について」(『自治体国際化フォーラム』270号、自治体国際化協会、2012年) がある。

村山元展 (むらやま　もとのぶ)
　1957年、大分県生まれ。
　現在、高崎経済大学地域政策学部教授。
　専攻は農業経営論、地域農業政策論。
　主な著作に「自治体の都市農業政策と里づくりの取り組み」(『日本農村の主体形成』筑波書房、2004年)、『地方分権と自治体農政』(日本経済評論社、2006年)、「地方分権に関する国の政策動向と自治体農政の課題」(『農業と経済』2010年4月号、昭和堂) がある。

阿部圭司 (あべ　けいじ)
　1970年、新潟県生まれ。
　現在、高崎経済大学経済学部教授。
　専攻は証券市場分析、企業財務論。
　主な著作に『Excelで学ぶ回帰分析』(ナツメ社、2004年)、『Excelで学ぶ統計解析』(ソシム、2006年)、『ファイナンシャルリテラシー』(共著、同友館、2011年)、『ファイナンス入門』(共著、放送大学教育振興会、2012年) がある。

大宮　登 (おおみや　のぼる)
　1951年、山形県生まれ。
　現在、高崎経済大学地域政策学部教授。
　専攻は地域社会学、キャリアデザイン論。
　主な著作に『大学と連携した地域再生戦略』(共編著、ぎょうせい、2007年)、『キャリアデザイン講座』(日経BP社、2009年)、『ビジネス実務総論　改訂版』(紀伊国屋出版、2012年) がある。

久宗周二 (ひさむね　しゅうじ)
　1964年、神奈川県生まれ。
　現在、高崎経済大学経済学部教授。
　専攻は労働安全衛生、産業・組織心理学、海上労働科学。
　主な著作に『漁撈技術の評価と労働災害』(ヤマカ出版、2008年)、『実践参加型自主改善活動』(創成社、2009年)、『街角の行動観察』(創成社、2011年) がある。

増田　正 (ますだ　ただし)
　1967年、千葉県生まれ。
　現在、高崎経済大学地域政策学部教授。
　専攻はフランス政治論、地方政治論、投票行動論。
　主な著作に『現代フランスの政治と選挙』(芦書房、2001年)、『大学と連携した地域再生戦略』(共編著、ぎょうせい、2007年)、『地域政策学事典』(共編著、勁草書房、2011年) がある。

イノベーションによる地域活性化

| 2013年3月5日　第1刷発行 | 定価（本体2800円＋税） |

　　　　　　　　　　編　者　　高崎経済大学
　　　　　　　　　　　　　　　地域政策研究センター

　　　　　　　　　　発行者　　栗原哲也

　　　　　　　　　　発行所　株式会社　日本経済評論社
　　　　　　　　〒101-0051　東京都千代田区神田神保町3-2
　　　　　　　　　電話　03-3230-1661　FAX　03-3265-2993
　　　　　　　　　　E-mail：info8188@nikkeihyo.co.jp
　　　　　　　　　　URL：http://www.nikkeihyo.co.jp
装幀＊渡辺美知子　　　　印刷＊藤原印刷・製本＊誠製本

乱丁・落丁本はお取替えいたします。Printed in Japan　ISBN978-4-8188-2265-8
Ⓒ高崎経済大学地域政策研究センター
・本書の複製権・譲渡権・公衆送信権（送信可能化権を含む）は㈱日本経済評論社が保有します。
・JCOPY 〈㈳出版者著作権管理機構　委託出版物〉
　本書の無断複写は、著作権法上での例外を除き禁じられています。複写される場合は、そのつど
　事前に㈳出版者著作権管理機構（電話03-3513-6969、FAX03-3513-6979、e-mail: info@jcopy.
　or.jp）の許諾を得て下さい。

高崎経済大学附属産業研究所叢書

群馬・地域文化の諸相 —その濫觴と興隆—	本体3200円
利根川上流地域の開発と産業 —その変遷と課題—（品切）	本体3200円
近代群馬の思想群像Ⅱ（品切）	本体3000円
高度成長時代と群馬（品切）	本体3000円
ベンチャー型社会の到来 —起業家精神と創業環境—	本体3500円
車王国群馬の公共交通とまちづくり	本体3200円
「現代アジア」のダイナミズムと日本 —社会文化と研究開発—	本体3500円
近代群馬の蚕糸業	本体3500円
新経営・経済時代への多元的適応	本体3500円
地方の時代の都市・山間再生の方途（品切）	本体3200円
開発の断面 —地域・産業・環境—（品切）	本体3200円
群馬にみる人・自然・思想 —生成と共生の世界—	本体3200円
「首都圏問題」の位相と北関東（品切）	本体3200円
変革の企業経営 —人間視点からの戦略—（品切）	本体3200円
IPネットワーク社会と都市型産業	本体3500円
都市型産業と地域零細サービス業	本体2500円
大学と地域貢献 —地方公立大学付設研究所の挑戦—	本体2000円
近代群馬の民衆思想 —経世済民の系譜—	本体3200円
循環共生社会と地域づくり	本体3400円
事業創造論の構築	本体3400円
新地場産業と産業環境の現在	本体3500円
サステイナブル社会とアメニティ	本体3500円
群馬・産業遺産の諸相	本体3800円
地方公立大学の未来	本体3500円
ソーシャル・キャピタル論の探求	本体3500円
新高崎市の諸相と地域的課題	本体3500円

表示価格は2012年3月現在の本体価格（税別）です。